V&R

Synthesen

Probleme europäischer Geschichte

Herausgegeben von

Manfred Hildermeier, Hartmut Kaelble,
Jürgen Kocka und Holm Sundhaussen

Band 1

Herausgegeben von

Jürgen Kocka und Arnd Bauerkämper

Vandenhoeck & Ruprecht

Stefan-Ludwig Hoffmann

Geselligkeit und Demokratie

Vereine und zivile Gesellschaft
im transnationalen Vergleich 1750–1914

Vandenhoeck & Ruprecht

Synthesen
Probleme europäischer Geschichte

Die nächsten Bände

Miroslav Hroch, Prag
Nation und Nationalismus (2004)

Denis Sdvizkov, Moskau
Die Intelligenz (2004)

Dieter Gosewinkel, Berlin
Staatsbürgergesellschaft (2005)

Ivan Berend, Los Angeles
Märkte und Wirtschaft (2005)

Martin Schulze-Wessel, München
Religion und Gesellschaft (2006)

Philipp Ther, Frankfurt/Oder
Ethnische Säuberungen (2007)

Etienne François und Holm Sundhaussen, Berlin
Kriegserinnerung und Geschichtspolitik (2008)

Bibliografische Information Der Deutschen Bibliothek

Die Deutsche Bibliothek verzeichnet diese Publikation in der
Deutschen Nationalbibliografie; detaillierte bibliografische Daten sind
im Internet über <http://dnb.ddb.de> abrufbar.

ISBN 3-525-36800-3

Inhalt

Vorwort

Die Berlin-Brandenburgische Akademie der Wissenschaften (AG Gemeinwohl und Gemeinsinn, unter der Leitung von Herfried Münkler) und das Zentrum für Vergleichende Geschichte Europas an der Freien Universität Berlin haben freundlicherweise die Arbeit an diesem Buch finanziell gefördert. Für Hinweise und Kritik danke ich Svenja Goltermann, Zsuzsanna Török, Sebastian Conrad, Geoff Eley, Manfred Hildermeier, Lucian Hölscher, Michael Jeismann, Jeremy King, James J. Sheehan und Hans-Ulrich Wehler. Zu besonderem Dank verpflichtet bin ich darüber hinaus allen im Text erwähnten Kolleginnen und Kollegen, die mir unveröffentlichte Manuskripte ihrer jüngsten Forschungsarbeiten überlassen haben.

Berkeley, im April 2003   Stefan-Ludwig Hoffmann

I. Einleitung: Tocquevilles Thema

Hervé de Tocqueville stand, wie viele junge Adlige, im Jahr 1789 der Revolution anfänglich mit Sympathie gegenüber. Ungefragt wurde er dennoch in die ersten Emigrantenregimenter eingeschrieben; später trat er in Paris der königlichen Garde bei. Am Morgen des 10. August 1792 rückte er mit seinem Zug der Nationalgarden aus, um die Tuilerien zu verteidigen. Auf dem Weg dorthin mischten sich, wie sein Biograph André Jardin berichtet, aber Gruppen aus dem Volk unter die bürgerlichen Kontingente.[1] Die Stimmung schlug um und richtete sich gegen Ludwig XVI. Tocqueville blieb nur die Flucht aus Paris. Das folgende Jahr verbrachte er vergleichsweise ungestört von der Revolution in der Provinz. Er heiratete Louise Le Peletier de Rosanbo, die Enkelin Malesherbes'. Das Familienidyll auf dem Landsitz der Malesherbes, wo auch Tocqueville sich niedergelassen hatte, fand am 17. Dezember 1793 ein jähes Ende. Mitglieder des örtlichen Revolutionskomitees verhafteten im Auftrag des Allgemeinen Sicherheitsausschusses des Konvents nicht nur Malesherbes, den aufgeklärten Reformer und Verteidiger Ludwigs XVI. vor dem Konvent, sondern die gesamte Familie und brachten sie nach Paris. Dann ging alles schnell. Am 20. April 1794 wurde Monsieur de Rosanbo, der Vater von Louise, hingerichtet; am darauffolgenden Tag Malesherbes selbst. Hervé de Tocqueville und seine Ehefrau warteten auf ihre Hinrichtung. Sie verlor darüber für immer ihr psychisches Gleichgewicht und sang unter Tränen Lieder auf den enthaupteten König; er wachte eines Morgens im Kerker auf und war mit 22 Jahren über Nacht ergraut. Nur wie durch ein Wunder – den Sturz Robespierres am 9. Thermidor – entrannen sie dem Fallbeil.

Nahezu vier Jahrzehnte später schiffte sich ihr 1805 geborener Sohn, Alexis de Tocqueville, zusammen mit seinem Freund Gustave de Beaumont mit dem Reiseziel New York in Le Havre ein. Wie sein Vater, der unter dem Restaurationsregime zum Präfekt von Maine-et-Loire ernannt worden war, arbeitete Alexis de Tocqueville als Beamter. Der äußere Anlass der Reise war die Idee, eine Denkschrift über das amerikanische Gefängniswesen zu verfassen. Rasch wurde sich aber Tocqueville darüber bewusst, dass es ihm um weit mehr ging: eine Reise in die moderne Demokratie, um die Vorzüge und Gefahren zu studieren, die sie auch für die französische Gesellschaft bereithielt.

1 André Jardin, Alexis de Tocqueville. Leben und Werk, Frankfurt 1991, Kap. 1.

Es entbehrt nicht der Ironie, dass dieser Reisebericht eines französischen Aristokraten, der in zwei Bänden 1835 und 1840 erschien, zu einem der kanonischen Texte der amerikanischen Demokratie wurde. Um ihren Argumenten Gewicht zu geben, berufen sich noch heute Politiker und Sozialwissenschaftler auf *De la Démocratie en Amérique*. Ein Aspekt seiner politischen Theorie hat in den letzten Jahren wieder besondere Aufmerksamkeit auf sich gezogen: Tocquevilles Überzeugung, dass die Grundlage der amerikanischen Demokratie auf ihren geselligen Vereinigungen beruhe.[2] Tocquevilles These zum Zusammenhang von Demokratie und Geselligkeit bildet oft noch heute den Ausgangspunkt der Beschäftigung mit diesem Thema und soll deshalb zur Einführung hier noch einmal vorgestellt werden.

Mit Bewunderung hatte Tocqueville auf seiner Reise beobachtet, wie sich die Bürger in den Vereinigten Staaten – anders, wie er meinte, als in Kontinentaleuropa – in unzähligen Vereinen engagierten und so die Demokratie mit Leben füllten. Tocqueville widmete sich den Assoziationen in beiden Teilen von »Demokratie in Amerika«, allerdings in unterschiedlicher Form. Im ersten Teil, der eine Analyse der politischen Ordnung der Vereinigten Staaten unternimmt, spricht Tocqueville den Vereinen jene Bedeutung zu, die heute vertraut klingt und bei jenen Freunden der »Zivilgesellschaft« in der Gegenwart mitschwingt, die zu mehr bürgerschaftlichem Engagement aufrufen. Zur Lösung ihrer sozialen und politischen Probleme wenden sich die Amerikaner nicht an eine Obrigkeit, sondern gründen einen Verein. Sie nehmen mithin ihr Leben in die eigene Hand und wirken für das Gemeinwohl. Selbst für einen in den Augen eines französischen Aristokraten befremdlichen Zweck wie der Bekämpfung der Trunksucht, bilden sich in Amerika sofort unzählige Assoziationen. Daher gehört die Vereinigungsfreiheit, mehr noch als die Pressefreiheit, zu den wichtigsten Rechten in der Demokratie, und wenn sie auch nicht ohne politische Gefahren ist, erschien sie Tocqueville doch als das Mittel, um eine noch größere Gefahr zu bannen, die in der Demokratie droht: die politische Tyrannei der Mehrheit.[3]

Es hieße aber Tocqueville misszuverstehen, wenn man in ihm einen frühen Soziologen politischer Verfassungsordnungen und in seiner Aufmerksamkeit für die Vereine nur ein Plädoyer für mehr bürgerschaftliches Engagement und intermediäre Gewalten sehen wollte. Tocqueville stand der Demokratie skep-

---

2 Vgl. z.B. Robert D. Putnam, Bowling Alone. America's Declining Social Capital, in: Journal of Democracy, Jg. 6, 1995, S. 65–78; ders., The Strange Disappearance of Civic America, in: The American Prospect, 1996, Nr. 24, S. 34–48; sowie zuletzt ders., Bowling Alone. The Collapse and Revival of American Community, New York 2000.

3 Alexis de Tocqueville, Über die Demokratie in Amerika, T. 1 (1840), Zürich 1987, S. 285.

tisch, dem beginnenden soziologischen Denken seiner Zeit nahezu feindlich
gegenüber, woran Wilhelm Hennis vor zwei Jahrzehnten in einem grundlegenden Essay erinnert hat. Tocqueville suchte nach einem Weg, die unheil-
volle Trennung von Mensch und Bürger, von Individualität und Sozialität
(dem geselligen Austausch) aufzuheben. »Für alles wahrhaft politische Denken«, so Hennis, »ist das Verhältnis von Mensch und Bürger das zentrale politische Problem, für das soziologische Denken ist das ein Nicht-Mehr-Pro-
blem.« Hierin liegt auch die Differenz zu seinem jüngeren Zeitgenossen Karl
Marx, der den Vereinen keine Aufmerksamkeit schenkte. »Tocqueville konnte
sich, realistischer als Marx, die Erledigung dieses Problems nur in Gestalt der
egalitär-demokratischen Tyrannis vorstellen. Diese Form der Erledigung des
Problems zu verhindern, war die Triebkraft seines leidenschaftlichen denkeri-
schen Versuchs.«[4]
Es ist jene Tradition der klassischen politischen Theorie, die stets nach den
Auswirkungen einer Regierungsform auf den von ihr geformten Menschentypus, auf seine Tugend, fragt und daran ihren Wert bemisst, an die Tocqueville
anzuknüpfen suchte. Nicht allein um die politische Verfassung eines Gemeinwesens ging es ihm, sondern um die »Seelenverfassung« der Bürger, die dieses Gemeinwesen hervorbringt, um jene sozial-moralischen Grundlagen politischer Ordnung, die in der jüngeren politischen Theorie bestenfalls als »vor-
politisch« gelten.[5] Tocqueville sah die Gefühle der Menschen, ihre innere
Verfasstheit, als grundlegender für ihr Zusammenleben an als ihre rational be-
dachten Rechte und Interessen. Er war davon überzeugt, »daß die politischen
Gesellschaften nicht das Produkt ihrer Gesetze sind, sondern schon von
vornherein durch die Gefühle, Glaubensarten, Ideen und Herzens- und Geis-
tesangelegenheiten der Menschen, die in ihnen sind, bestimmt werden«.[6]
Tocqueville teilte als »aristokratischer Liberaler« mit seinen Zeitgenossen
John Stuart Mill oder Jacob Burckhardt die Skepsis gegenüber dem heraufziehenden demokratischen Zeitalter.[7] Er sah sich, in den Worten von Hennis, als

4 Wilhelm Hennis, Tocquevilles ›Neue Politische Wissenschaft‹, in: Justin Stagl (Hg.),
Aspekte der Kultursoziologie, Berlin 1982, S. 385–407, 390; Raymond Aron, Alexis de
Tocqueville und Karl Marx, in: ders., Über die Freiheiten, Stuttgart 1981, S. 13–45.

5 Vgl. die kritischen Bemerkungen bei Herfried Münkler, Einleitung, in: ders. (Hg.),
Bürgerreligion und Bürgertugend. Debatten über vorpolitische Grundlagen politischer Ordnung, Baden-Baden 1996, S. 7–11, 8; allg. ders., Politische Tugend. Bedarf die Demokratie
einer sozio-moralischen Grundlegung?, in: ders. (Hg.), Die Chancen der Freiheit, München 1992, S. 25–46.

6 Brief vom 26. 10. 1853, zit. n. Hennis, Tocqueville, S. 395.

7 Alan Kahan, Aristocratic Liberalism. The Social and Political Thought of Jacob Burckhardt, John Stuart Mill, and Alexis de Tocqueville, New York 1992.

eine Art »Seelenhistoriker«, als ein »Analytiker der Ordnung und Unord-
nung der menschlichen Seele im demokratischen Zeitalter«.[8] Die alles entscheidende Frage lautete für ihn, wie eine seelische Verarmung, die dem Menschen in einer demokratischen Gesellschaft drohe und die dem Despotismus
und dem Terror ein Einfallstor biete, verhindert werden könne.

Eine Antwort auf diese Frage meinte Tocqueville mit den geselligen Vereinen
gefunden zu haben. Entsprechend finden sich die entscheidenden Passagen zur
Bedeutung der Geselligkeit im zweiten Teil seines Buches, der vom Einfluss
der Demokratie auf das geistige und sittliche Leben, hier insbesondere auf das
Gefühlsleben der Amerikaner und abschließend umgekehrt von dessen Auswirkungen auf die politische Gesellschaft handelt. »Nur durch die gegenseitige
Wirkung der Menschen aufeinander«, formuliert Tocqueville den Grundsatz
seines politischen Denkens, »erneuern sich die Gefühle und die Gedanken,
weitet sich das Herz und entfaltet sich der Geist der Menschen.« Diese Wech-
selwirkung, die in der ständischen Gesellschaft festen Regeln unterlag, müsse
in der bürgerlichen Gesellschaft künstlich hervorgerufen werden.[9] »Und das
allein können die Vereinigungen tun.«[10] Nichts verdiene größere Aufmerksamkeit, heißt es apodiktisch, als die rein geselligen Vereine, welche den Geist
und die Sitte heben und das Gefühlsleben bereichern. Jene erscheinen ihm sogar bedeutsamer als die Vereine zu unmittelbar politischen oder gewerblichen
Zwecken, die Tocqueville im ersten Teil von »Demokratie in Amerika« behandelt hatte und die, wie er jetzt schreibt, uns leichter auffallen, während die
anderen uns entgehen. Die scheinbar unpolitischen, nicht von partikularen
Interessen geleiteten Vereine entreißen den Einzelnen seiner selbstsüchtigen
Schwäche und knüpfen in der egalitären, anomischen Gesellschaft neue Bande,
jene *liens,* die im politischen Denken Tocquevilles eine überragende Bedeutung
einnehmen. »Unter den Gesetzen, denen die menschlichen Gesellschaften
unterstehen«, so weiter Tocqueville, »gibt es eines, das genauer und klarer er-

---

8 Hennis, Tocqueville, S. 402.

9 »Die Menschen sind hier nicht mehr durch Kasten, Klassen, Korporationen und
Geschlechter miteinander verbunden und sind daher nur zu sehr geneigt, sich bloß mit ihren besonderen Interessen zu beschäftigen, immer nur an sich selbst zu denken und sich in
einen Individualismus zurückzuziehen, in dem jede öffentliche Tugend erstickt wird.« Alexis de Tocqueville, Der alte Staat und die Revolution (1856), München 1978, S. 15.

10 Alexis de Tocqueville, Demokratie in Amerika, T. 2 (1840), Zürich 1987, S. 164. Vgl.
hierzu allg. Jardin, Tocqueville, S. 93–252; Lynn L. Marshall u. Seymour Drescher, American Historians and Tocqueville's Democracy, in: Journal of American History, Jg. 55, 1968,
S. 512–532; Sean Wilentz, Many Democracies. On Tocqueville and Jacksonian America, in:
Abraham S. Eisenstadt (Hg.), Reconsidering Tocqueville's Democracy in America, New
Brunswick 1988, S. 207–228; James T. Kloppenberg, Life Everlasting: Tocqueville in America, in: The Tocqueville Review 17 (1996), S. 19–36.

scheint als alle andern. Damit die Menschen gesittet bleiben oder es werden, muß sich unter ihnen die Kunst der Vereinigung in dem Grade entwickeln und vervollkommnen, wie die gesellschaftlichen Bedingungen sich ausgleichen.«[11] Das bedeutet umgekehrt auch: In dem Maße, wie sich das verbindende Band zwischen den Individuen, das ihre Tugend garantiert, lockert, erodieren die politischen Grundlagen des demokratischen Gemeinwesens. Je weniger sich die Bürger in der *l'art de s'associer*, der Kunst der geselligen Vereinigung, üben, desto mehr werde das Durchschnittsniveau der Herzen und Geister sinken und sich Gleichheit mit Despotismus unheilvoll verbinden.

Wie eine demokratische Gesellschaft aussieht, die sich ihrer politischen Grundlagen nicht mehr in der Geselligkeit ihrer Bürger versichert, hat Tocqueville mit einem apokalyptischen Bild beschrieben: »Ich erblicke eine Menge einander ähnlicher und gleichgestellter Menschen, die sich rastlos im Kreise drehen, um sich kleine und gewöhnliche Vergnügen zu verschaffen, die ihr Gemüt ausfüllen. Jeder steht in seiner Vereinzelung dem Schicksal aller anderen fremd gegenüber: seine Kinder und seine persönlichen Freunde verkörpern für ihn das Menschengeschlecht; was die übrigen Mitbürger angeht, so steht er neben ihnen, aber er sieht sie nicht; er berührt sie, und er fühlt sie nicht; er ist nur in sich und für sich allein vorhanden, und bleibt ihm noch eine Familie, so kann man zumindest sagen, daß er kein Vaterland mehr hat. Über diesen erhebt sich eine gewaltige, bevormundende Macht, die allein dafür sorgt, ihre Genüsse zu sichern und ihr Schicksal zu überwachen. Sie ist unumschränkt, ins einzelne gehend, regelmäßig, vorsorglich und mild. Sie wäre der väterlichen Gewalt gleich, wenn sie wie diese das Ziel verfolgte, die Menschen auf das reife Alter vorzubereiten; statt dessen aber sucht sie bloß, sie unwiderruflich im Zustand der Kindheit festzuhalten«.[12]

Die Geselligkeit besitzt, so könnte man das Argument Tocquevilles zusammenfassen, in der Demokratie eine herausragende politische Bedeutung, indem sie jene Bande zwischen den Menschen neu knüpft, welche die heraufziehende demokratische Gesellschaft zunächst zerstört. Die »neue politische Wissenschaft«, die Tocqueville als »Grundwissenschaft der bürgerlichen Gesellschaft« begründen wollte, sollte sich deshalb vorrangig mit der Kunst der Vereinigung – der Geselligkeit – beschäftigen. Von ihrem Fortschritt hänge,

---

11 Tocqueville, Demokratie, T. 2, S. 166 f.

12 Ebd., S. 463. Noch im Vorwort von »Der alte Staat und die Revolution« bemerkt Tocqueville trocken, dass auch zwanzig Jahre nach dem Erscheinen von »Demokratie in Amerika« in der Welt nichts geschehen sei, das ihn veranlasst habe, anders zu denken und zu sprechen. Die Demokratie berge weiterhin die Gefahr des Despotismus. Tocqueville, Revolution, S. 15.

wie er pathetisch, aber wissenschaftsgeschichtlich folgenlos schreibt, der Fortschritt aller anderen Wissenschaften ab.[13]

So fremdartig der von Tocqueville behauptete politische Zusammenhang
von Geselligkeit und Bürgertugend heute wirken mag, so vertraut war er den
»Praktikern der Bürgergesellschaft« im 18. und 19. Jahrhundert von Boston
bis St. Petersburg.[14] Das ist die zentrale These, die sich aus der neueren historischen Forschungsliteratur ergibt und die im Folgenden entfaltet werden soll.
Weder stand Tocqueville mit seinen Ansichten allein, noch war die Hochschätzung und Verbreitung der geselligen Vereine eine Besonderheit der amerikanischen Gesellschaft. Die Betonung der politisch-moralischen Bedeutung der
geselligen Vereine kann vielmehr als Teil eines gemeineuropäisch-transatlantischen Diskurses und daran gebundener sozialer Praktiken der »geselligen
Gesellschaft« des 18. und 19. Jahrhunderts angesehen werden. Anknüpfend an
Überlegungen von Philip Nord lassen sich vier Phasen der Ausbreitung und
Verflechtung von geselligen Vereinen zwischen der Mitte des 18. Jahrhunderts
und dem Ersten Weltkrieg unterscheiden, die auch den Aufbau der folgenden
Darstellung strukturieren: eine Entstehungsphase in der Hochzeit der europäischen Aufklärung, die in der Französischen Revolution ihr vorläufiges Ende
fand; eine zweite Phase zwischen den 1820er Jahren und der Revolution von
1848/49, die gemeinhin als das »goldene Zeitalter« der bürgerlichen Vereine
gilt; eine dritte Phase in den 1860er und 1870er Jahren, die durch eine Liberalisierung, Nationalisierung und, damit einhergehend, eine soziale Demokratisierung des Assoziationswesens gekennzeichnet ist; und schließlich eine letzte
Aufschwungphase vom späten 19. Jahrhundert bis zum Vorabend des Ersten
Weltkrieg, in der die Verbreitung, Dichte und Differenzierung der Vereine ihren nicht wieder erreichten Höhepunkt erlebte und sich zugleich die Krisenmomente verstärkten.[15] Ein kurzer Ausblick auf die schwierige Geschichte der
Vereine im »neuen Dreißigjährigen Krieg« (Raymond Aron) seit 1914 und eine
vergleichende Skizze der Forschungsdiskussion schließen die Darstellung ab.

Gewiss bildeten sich in jeder dieser Phasen neue Vereinsformen heraus,
die politisch oder sozial sehr verschiedenartig ausfallen und, davon wird im
Folgenden ausführlich die Rede sein, den hochfliegenden Zielen sogar widersprechen konnten. Dennoch handelt es sich bei den geselligen Vereinen und
den an sie geknüpften politisch-moralischen Ansprüchen um ein Epochen und

---

13 Ebd., S. 166. Vgl. Hennis, Tocqueville, bes. S. 396 ff.

14 Der Begriff »practitioners of civil society« nach Isabel V. Hull, Sexuality, State, and
Civil Society in Germany 1700–1815, Ithaca 1995, S. 2.

15 Philip Nord, Introduction, in: Nancy Bermeo u. Philip Nord (Hg.), Civil Society before Democracy. Lessons from Nineteenth-Century Europe, Boston 2000, S. xiii-xxxiii.

Staaten übergreifendes Phänomen des langen 19. Jahrhunderts, ähnlich etwa wie die Popularisierung von Wissenschaften, der Impuls zur moralischen Verbesserung der Welt auf dem Weg sozialer Reformen oder der Aufstieg des Nationalismus, die sich oft des Mediums der geselligen Vereine bedienten.

Bislang fehlt ein solcher vergleichender Blick auf die reiche Assoziationslandschaft des 18. und 19. Jahrhunderts. Statt dessen dienen die geselligen Vereine oft als Beispiel dafür, die Unterschiede der amerikanischen Demokratie (und in vieler Hinsicht auch der politischen Kultur Großbritanniens) gegenüber den kontinentaleuropäischen Gesellschaften scharf zu betonen. Auch diese These geht auf Tocquevilles »Demokratie in Amerika« zurück, denn das Fehlen der Vereine, insbesondere in Frankreich, galt ihm als Ausweis mangelnder geselliger Selbstorganisation der europäischen Gesellschaften. Tocquevilles Blick auf die amerikanische Gesellschaft war der eines französischen Aristokraten, der die Gefahren der in seinen Augen unausweichlich kommenden Demokratie für die alteuropäische Gesellschaftsordnung analysierte. Tocqueville bemerkte nicht, in welchem Maße das Assoziationswesen die Gesellschaftsordnung auf dem europäischen Kontinent umzuwandeln begann, als er »Demokratie in Amerika« niederschrieb. Als einem Angehörigen der hauptstädtischen Aristokratie blieben ihm die Verkehrskreise der lokalen bürgerlichen Gesellschaft der französischen Provinz fremd, wo die geselligen Vereine großen Zuspruch fanden. Während Tocquevilles ganzes Interesse mit Blick auf die alteuropäische Gesellschaftsordnung dem Staat galt, entging ihm das wesentliche Charakteristikum geselliger Vereine: ihre Verankerung in der lokalen Gesellschaft. »Gentlemen's clubs, choral groups, learned societies and other associations were all predominantly provincial«, wie Carol E. Harrison gezeigt hat. »In the case of associative sociability, Paris was not the best vantage point for the observation of French society.«[16] Das oft restriktive Vereinsrecht gibt Auskunft über die Haltung des Staates gegenüber den geselligen Vereinen seiner Bürger, nicht aber über das tatsächliche Ausmaß der städtischen Geselligkeit. Im gesamten 19. Jahrhundert standen sich nicht nur in Frankreich, wie Maurice Agulhon festgestellt hat, sondern in ganz Kontinentaleuropa eine vereinigungsfreudige Gesellschaft und ein vereinigungsfeindlicher Staat gegenüber.[17] Daraus folgt der ironische Umstand, dass die Tätig-

---

16 Carol E. Harrison, Unsociable Frenchmen. Associations and Democracy in Historical Perspective, in: The Tocqueville Review, Jg. 17, 1996, S. 37–56, 41 f.; ausführlich dies., The Bourgeois Citizen in Nineteenth-Century France. Gender, Sociability, and the Uses of Emulation, Oxford 1999.

17 Maurice Agulhon, Le cercle dans la France bourgeoisie 1810–1848. Etude d'une mutation de sociabilité, Paris 1977.

keit der geselligen Vereine hier ungleich besser dokumentiert ist als in den Vereinigten Staaten oder Großbritannien – in den Akten der staatlichen Behörden, welche die Vereine und *cercles* misstrauisch beobachteten.

Der gebannte Blick auf die herausragende Rolle des Staates in Europa versperrte Tocqueville (wie auch, für die politische Theorie der »Bürgerlichen Gesellschaft« folgenreich, Hegel und Marx), die Wahrnehmung der Bedeutung, welche die Assoziationen nicht nur für die Vereinigten Staaten, sondern auch für die europäischen Gesellschaften seiner Zeit besaßen. Das ist auch einer der Gründe, warum es bislang keine vergleichenden Studien zu diesem Thema gibt. Ein weiterer Grund kommt hinzu: In der nationalen Forschungsliteratur wurden die geselligen Vereine vornehmlich im Zusammenhang mit Klassenbildungsprozessen, insbesondere der Herausbildung von Mittelklassen, untersucht. Schon für das 18. Jahrhundert, verstärkt aber für das 19. Jahrhundert sah man in den geselligen Vereinen eine soziale Vergesellschaftungsform des Bürgertums. Ohne Zweifel war diese sozialgeschichtliche Grundannahme produktiv; sie hat großangelegte empirische Forschungsprojekte zum Assoziationswesen der amerikanischen und westeuropäischen, seit jüngster Zeit auch der mitteleuropäischen und russischen Mittelklassen hervorgebracht, auf deren Ergebnisse sich auch die folgende Darstellung stützt. Die Annahme eines engen Zusammenhangs von »Bürgertum«, »Bürgerlicher Gesellschaft« und »Verein« hat aber oftmals zu dem Umkehrschluss verführt, dass in jenen Gesellschaften, die nicht im politischen Sinne »bürgerlich« verfasst waren und denen ein soziales Substrat »Bürgertum« mit einer einheitlichen Utopie »Bürgerlicher Gesellschaft« fehlt, es auch keine geselligen Vereine gegeben haben könnte. Unterstellt man aber den Praktikern der Bürgergesellschaft des späten 18. und des 19. Jahrhunderts nicht politisch-soziale Ziele, für die sie nicht einmal einen Begriff besaßen, öffnet sich ein Zugang zu ihrer eigenen Erfahrungswelt: der weiterhin lebendigen frühneuzeitlichen Tradition politischen Denkens, für die »Bürgertum« gleichbedeutend mit Tugend und Gemeinsinn war und noch nicht auf eine sozialökonomische Klasse und ihre politischen Interessen verwies.[18] Dadurch werden nicht nur die Spuren des Klassischen

18 Vgl. Paul Nolte, Bürgerideal, Gemeinde und Republik. »Klassischer Republikanismus« im frühen deutschen Liberalismus, in: Historische Zeitschrift, Bd. 254, 1992, S. 609–656, 628; sowie die semantischen Befunde bei Reinhart Koselleck u. Klaus Schreiner (Hg.), Bürgerschaft. Rezeption und Innovation der Begrifflichkeit vom Hohen Mittelalter bis ins 19. Jahrhundert, Stuttgart 1994; Reinhart Koselleck u. a., Drei bürgerliche Welten? Zur vergleichenden Semantik der bürgerlichen Gesellschaft in Deutschland, England und Frankreich, in: Hans-Jürgen Puhle (Hg.), Bürger in der Gesellschaft der Neuzeit, Göttingen 1991, S. 14–58; Willibald Steinmetz, Die schwierige Selbstbehauptung des deutschen Bürgertums, in: Rainer Wimmer (Hg.), Das 19. Jahrhundert, Berlin 1991, S. 12–40; Andreas

Republikanismus im Liberalismus des 19. Jahrhunderts, sondern auch dessen transnationaler Grundzug sichtbar. Ideen und soziale Praktiken wie die der geselligen Vereine sind nicht auf eine soziale Klasse reduzierbar. Nicht nur in den osteuropäischen Ländern ohne starke Mittelklassen haben der gebildete Adel, aber auch andere nichtbürgerliche Schichten teil an der zeitgenössischen »Vereinigungswut«.[19]

Die folgende Darstellung versucht, pointiert die miteinander verknüpfte bzw. sich kreuzende Geschichte (*entangled history* bzw. *histoire croisée*) der Vereinigten Staaten, Großbritanniens, Frankreichs, der deutschen Staaten einschließlich Österreich-Ungarns sowie Russlands in Bezug auf das Phänomen der geselligen Vereine vergleichend sichtbar zu machen. Anders als der strenge sozialwissenschaftliche Vergleich zweier oder mehrerer Nationalgesellschaften (der in einer solchen knappen Überblicksdarstellung ohnehin nicht zu verwirklichen wäre), werden die geselligen Vereine hier nicht in das Prokrustesbett westlicher Idealtypen und Modernisierungspfade gepresst.[20] Die Auseinandersetzung mit westlichen Ideen und Praktiken wie auch die Unterscheidung von »zivilisiert« und »rückständig« ist selbst historisch und kein universaler Maßstab.[21] Nicht die zweifellos vorhandenen gravierenden natio-

---

Wirsching, Bürgertugend und Gemeininteresse. Zum Topos der »Mittelklassen« in England im späten 18. und frühen 19. Jahrhundert, in: Archiv für Kulturgeschichte, Bd. 72, 1990, S. 173–199; Dror Wahrman, Imagining the Middle-Class. The Political Representation of Class in Britain, c. 1780–1840, Cambridge 1995; Sarah Maza, The Myth of the French Bourgeoisie. An Essay of the Social Imaginary, 1750–1850, Cambridge, Mass. 2003.

19 Michael G. Müller, Die Historisierung des bürgerlichen Projekts – Europa, Osteuropa und die Kategorie der Rückständigkeit, in: Tel Aviver Jahrbuch für deutsche Geschichte, Jg. 29, 2000, S. 163–170, 167.

20 Vgl. Heinz-Gerhard Haupt u. Jürgen Kocka (Hg.), Geschichte und Vergleich, Frankfurt 1996; sowie die Kritik von Michel Espagne, Sur les limites du comparatisme en histoire culturelle, in: Genèse, Jg. 17, 1994, S. 102–121; Johannes Paulmann, Internationaler Vergleich und interkultureller Transfer. Zwei Forschungsansätze zur europäischen Geschichte des 18. bis 20. Jahrhunderts, in: Historische Zeitschrift, Bd. 267, 1998, S. 649–685; Michael Werner u. Bénédicte Zimmermann, Vergleich, Transfer, Verflechtung. Der Ansatz der *Histoire croisée* und die Herausforderung des Transnationalen, in: Geschichte und Gesellschaft, Jg. 29, 2002, S. 607–636; Sebastian Conrad u. Shalini Randeria, Geteilte Geschichte. Europa in der postkolonialen Welt, in: dies. (Hg.), Jenseits des Eurozentrismus. Postkoloniale Perspektiven in den Geschichts- und Kulturwissenschaften, Frankfurt 2002, S. 9–49.

21 Vgl. etwa das polnische Beispiel: Andrzej Walicki, Poland between East and West. The Controversies over Self-Definition and Modernisation in Partitioned Poland, Cambridge 1994; Jerzy Jedlinski, A Suburb of Europe. Nineteenth-Century Polish Approaches to Western Civilization, Budapest 1999; oder die Diskussion um den »deutschen Sonderweg«, hierzu zuletzt: Frank Trentmann, Introduction, in: ders. (Hg.), Paradoxes of Civil Society. New Perspectives on Modern German and British History, Providence 2000, S. 3–45.

nalen Unterschiede sollen herausgearbeitet werden, die schon den Zeitgenossen selbst ins Auge stachen und von ihnen im Zuge der Nationalisierung der europäischen Gesellschaften im Laufe des 19. Jahrhunderts überscharf betont wurden. Vielmehr soll das erstaunliche Phänomen einer sozialen Praxis verfolgt werden, die in verschiedenen Ländern und Regionen entstanden ist, zuweilen gemeinsamen ideellen Einflüssen entsprang, aber auch unterschiedliche politische Wirkungen zeitigen konnte.[22]

Ein solcher Versuch, die Geschichte geselliger Vereine in ihrer transnationalen Verflechtung zu rekonstruieren, erfordert zumindest drei Einschränkungen:

1. Der Forschungsstand zum Thema setzt der Darstellung Grenzen. Aufgrund der Annahme, die geselligen Vereine seien ein Ausweis der Liberalität und Zivilität der amerikanischen (und englischen) Gesellschaft gegenüber den kontinentaleuropäischen Gesellschaften, gibt es eine lange Tradition und Fülle an Studien zum Vereinswesen in den englischsprachigen Ländern. Sie nicht zu berücksichtigen, um eine autochthone »Europäische Geschichte« zu konstruieren, erscheint für das Thema der geselligen Vereine abwegig. Tocqueville und seine kontinentaleuropäischen Zeitgenossen hatten immer die amerikanische und englische Gesellschaft vor Augen, wenn sie von der sozial-moralischen Bedeutung der Vereine handelten.

Seit den siebziger Jahren haben aber Historiker für Frankreich und Deutschland die bis dahin geläufige These revidiert, gesellige Vereine besäßen für die Geschichte ihrer Gesellschaften keine Bedeutung. Seit den neunziger Jahren entdeckt die Historiographie zur Habsburgermonarchie und zum Zarenreich die eigene wechselvolle Vereinsgeschichte und stellt die Frage nach der Bedeutung zivilgesellschaftlicher Traditionen in Staaten, die nicht als bürgerliche Gesellschaften verfasst waren.[23] Gerade weil die Forschung hier noch in den Anfängen steckt, soll der mittel- und osteuropäischen Entwicklung besondere Beachtung geschenkt werden. Gleichwohl lässt sich das Ungleichgewicht

22 Ähnlich formuliert es auch Daniel T. Rodgers in seiner exemplarischen transnationalen Studie zur Sozialpolitik: »By masking interdependencies between nations, freezing historically contingent processes into ideal types, and laying across them a grid of social and political characteristics, the method of comparison throws a powerful light on differences. […] Atlantic-era social politics had its origin not in its nation-state containers, not in a hypothesized ›Europe‹ nor an equally imagined ›America‹, but in the world between them.« Daniel T. Rodgers, Atlantic Crossings. Social Politics in a Progressive Age, Cambridge, Mass. 1998, S. 5

23 Vgl. u. a. zuletzt die beiden Sammelbände: Nancy Bermeo u. Philip Nord (Hg.), Civil Society before Democracy. Lessons from Nineteenth-Century Europe, Boston 2000; Manfred Hildermeier u. a. (Hg.), Europäische Zivilgesellschaft in Ost und West. Begriff, Geschichte, Chancen, Frankfurt 2000; sowie Joseph Bradley, Subjects into Citizens. Societies, Civil Society, and Autocracy in Tsarist Russia, in: American Historical Review, Jg. 107, 2002, S. 1094–1123.

der Forschung durch eine solche Überblicksdarstellung nicht völlig korrigieren. Die Forschungsliteratur wird nicht nur von West nach Ost schmaler, es fehlen auch Synthesen zur Assoziationsgeschichte der einzelnen Nationalgesellschaften (auch z.B. zu den Vereinigten Staaten), die den gesamten Zeitraum umfassen. Ebenso liegen kaum Einzelstudien zum transnationalen Transfer der Ideen und sozialen Praktiken der Geselligkeit vor.

2. Die Darstellung muss auch thematisch eingeschränkt werden, um die Fülle an Einzelstudien sinnvoll zusammenzufassen. Nicht alle Geselligkeitsformen können transnational und diachron vergleichend betrachtet werden. Der Unterscheidung Tocquevilles zwischen *les associations politiques et industrielles* und *les associations intellectuelles et morales* folgend, sollen in der Regel nur letztere in den Blick genommen werden. Die Geschichte der politischen Assoziationen gehört zur Geschichte der Parteienbildung und der Politikgeschichte im engeren Sinne. Sie zu vergleichen, erforderte ebenso eine eigene Darstellung wie die Geschichte der gewerblich-industriellen Assoziationen (auch der Gewerkschaften und Verbände), die vor allem der wirtschaftlichen Interessenorganisation dienten und die in den Bereich der Wirtschaftsgeschichte gehören. Wenn im Folgenden, anknüpfend an den Sprachgebrauch der Zeit, von »Assoziation« die Rede ist, sind jene Vereine gemeint, bei denen die Geselligkeit und ihre sozialen, moralischen, und damit – im Selbstverständnis der Zeitgenossen – auch politischen Implikationen im Vordergrund standen. Sie werden definiert durch ihre formalen Regeln (Aufnahme, Statuten usw.), die prinzipielle Gleichheit der Mitglieder, ihre selbstgewählten Ziele (zumeist im weitesten Sinne *moral improvement)* und die Freiwilligkeit des Zusammenschlusses. Insbesondere die Freiwilligkeit sowie, zumindest der Idee nach, die soziale und rechtliche Offenheit unterscheidet die Assoziationen von den älteren Korporationen, für die Geburt und Stand über die Zugehörigkeit entschieden und die in einem umfassenden Sinne den rechtlichen Status ihrer Mitglieder bestimmten.[24] Die informelle Geselligkeit, etwa in aristokratischen Salons oder bürgerlichen Familien, englischen Kaffeehäusern oder russischen Teestuben, auf nationalen Denkmalsweihen oder in kosmopolitischen Badeorten gehört zum Thema, kann aber ebenfalls nur gestreift werden, da sie das Feld unüberschaubar erweitern würde.

3. Schließlich fragt die Darstellung nach dem ambivalenten Verhältnis von Demokratie und Geselligkeit und setzt insofern einen anderen Akzent. Bislang galt die Aufmerksamkeit den geselligen Vereinen vornehmlich in den De-

---

24 Thomas Nipperdey, Verein als soziale Struktur in Deutschland im späten 18. und frühen 19. Jahrhundert, in: ders., Gesellschaft, Kultur, Theorie, Göttingen 1976, S.174–205, 174.

batten über die Entstehung von »Bürgertum«, »Bürgergesellschaft« (»Zivilgesellschaft«) oder »Öffentlichkeit«.[25] Gewiss können die geselligen Vereine
als Teil dieser historischen Prozesse gesehen werden; von ihnen wird im Folgenden oft die Rede sein. Das entscheidende Problem der Assoziationen im
19. Jahrhundert war jedoch das von Partizipation und Ausschluss. Von *société
civile* war bei Tocqueville und seinen vereinsseligen Zeitgenossen selten die
Rede. Sein Thema war, nicht nur in Bezug auf die geselligen Vereine, die Demokratie und ihre Gefahren. *Self-government* hieß für die meisten Liberalen
zuerst die moralische und aufgeklärte Regierung des Selbst, erlernbar im geselligen Austausch mit anderen, im Gegensatz zur »Tyrannei der Mehrheit«.
Umgekehrt erlebte die Praxis und die Idee der geselligen Vereine im Laufe des
Jahrhunderts eine soziale Demokratisierung, indem sich auch jene ihrer bedienten, die sich nicht als Bürger oder Liberale sahen, beispielsweise Arbeiter
oder Sozialisten. Die generelle Tendenz nicht nur der französischen Assoziationsgeschichte, in den Worten Agulhons, ist »celle d'une multiplication, d'une
diversification, et naturellement d'une libéralisation«.[26] Überspitzt gesagt,
machten Männer (und zunehmend auch Frauen) im 19. Jahrhundert ihre ersten Erfahrungen mit demokratischen und »zivilen« (im Sinne von *civic*), nicht
aber notwendig »bürgerlichen« Praktiken vor allem in geselligen Vereinen mit
ihren eigenen Verfassungen (Statuten), Wahlen, Ämtern, Ausschüssen, Reden,
Ritualen, Regeln, Protokollen, Jahresberichten und (Ehr-)Gerichten. In einer
Zeit, in der die Mehrzahl der kontinentaleuropäischen Staaten als konstitutionelle Monarchien verfasst waren, wirkten die geselligen Vereine spätestens
seit den 1830er Jahren als eine Schule der Demokratie.

Die Frage nach Partizipation und Ausschluss ermöglicht, am Beispiel der
geselligen Vereine historische Probleme zu diskutieren, die in der Forschungsliteratur streng voneinander getrennt werden. »Demokratie« und »Nation«
waren, anders als in den heutigen Debatten um die »Zivilgesellschaft«, im
politischen Diskurs des 19. Jahrhunderts eng aufeinander bezogen. Das eine
galt als die Bedingung für das andere. Der Nationalismus des 19. Jahrhunderts
organisierte sich in geselligen Vereinen, die wiederum politische Partizipation
auf lokaler oder nationaler Ebene sicherten. Die »Nationalisierung« sozialer
und politischer Zugehörigkeit in Kontinentaleuropa war eine der wichtigsten
Ursachen des Gründungsbooms von Assoziationen in der zweiten Hälfte des

25 Vgl. zur Einführung in diese Begriffe: Trentmann, Introduction; sowie die klassische
Studie von Jürgen Habermas, Strukturwandel der Öffentlichkeit. Untersuchungen zu einer
Kategorie der bürgerlichen Gesellschaft [1962], Frankfurt 1991.

26 Maurice Agulhon, Vers une histoire des associations, in: Esprit, Jg. 6, 1978, S. 13–18,
18.

19. Jahrhunderts. Für eine Historisierung des Zusammenhangs von demokratischen Praktiken und freien Vereinigungen ist daher die Einbeziehung des zeitgenössischen Nationalismus unverzichtbar, der mit Kategorien der Klassen- oder der Modernisierungstheorie (z. B. als »bürgerlich« oder »rückständig«) nicht hinreichend erklärbar ist.

Mit dem Begriffspaar »Demokratie« und »Geselligkeit« lassen sich auch die Widersprüche der geselligen Gesellschaften des »langen« 19. Jahrhunderts (von der Spätzeit der Aufklärung bis zum Ersten Weltkrieg) präziser beschreiben: ihre vielfältigen Formen der Exklusion, denen die Forderung nach Inklusion gegenüber stand, die oft zu neuen Vereinsgründungen und politisch-sozialen Bewegungen, etwa der Arbeiter, führte; die Grenzen des Liberalismus, für den »Demokratie« zumeist ein Schreckbild war und der an eine tugendhafte Elite glaubte, die im Namen jener sprechen und handeln sollte, denen es an Bildung und Besitz fehlte; den Aufstieg des Nationalismus, der nicht nur mehr Partizipation, sondern auch die Überwindung sozialer Exklusivität und überkommener Loyalitäten versprach, aber zugleich neue, unüberwindbare politische Grenzen ziehen konnte.[27]

---

27 Vgl. beispielhaft Pieter M. Judson, Exclusive Revolutionaries. Liberal Politics, Social Experience, and National Identity in the Austrian Empire, 1848–1914, Ann Arbor 1996.

II. Chronologische und systematische Darstellung

II.1. Die gesellige Gesellschaft
von Boston bis St. Petersburg (1750 bis 1789)

In einem unveröffentlichten Tagebuch hat der Staatsbeamte Alexej Il'in der Beschreibung seines geselligen Lebens im Moskau und St. Petersburg der 1770er Jahre viel Raum gegeben. Wie andere junge Männer ging Il'in auf der Suche nach galanten Begegnungen im Moskauer Golovinskij Park flanieren, er besuchte Maskenbälle, Konzerte und Musikvereine; sein Bruder Peter führte ihn in den exklusiven Englischen Klub ein, er nahm mehrfach in der Woche Einladungen zum Dinner an, las und diskutierte mit engen Freunden die neuesten Zeitschriften und besuchte die verschiedensten Logen beider Städte. Sein geselliges Leben ähnelte damit dem der Angehörigen der europäischen Bildungsschichten jener Zeit. Das 18. Jahrhundert war, wie ein Historiker treffend formuliert hat, das »gesellige Jahrhundert«.[1] Diese Geselligkeit suchte räumliche und staatliche, soziale und konfessionelle Grenzen zu überschreiten. Sie umspannte einen geographischen Raum, der im Westen bis in die englischen Kolonien in Nordamerika und im Osten bis in die Städte der russischen Provinz reichte, schloss – zumindest in Westeuropa – bewusst Adlige und Bürgerliche, Beamte und Kaufleute, mitunter auch Handwerker und Gewerbetreibende ein und führte Einheimische und Fremde innerhalb der Bildungsschichten zusammen. Überdies überwanden sie oft konfessionelle Grenzen, vor allem, aber nicht ausschließlich, innerhalb des Christentums.

Es ist dieser die überkommenen Grenzen transzendierende Grundzug der Geselligkeit des 18. Jahrhunderts, der sie zu einem Politikum machte. Zwar besaßen viele der aufgeklärten Geselligkeitsformen in den Zünften, Akademien und protestantischen Sekten des Mittelalters Vorläufer. Oft, wie etwa im Falle der Logen, imitierten sie sogar deren Rituale und Symbole. Die von der katholischen Reform geprägten religiösen Bruderschaften (*confréries*) wie auch die in Südfrankreich üblichen Bußbruderschaften (*pénitents*) besaßen

---

1 Ulrich Im Hof, Das gesellige Jahrhundert. Gesellschaft und Gesellschaften im Zeitalter der Aufklärung, München 1982.

ebenfalls schon vereinsförmige Strukturen.[2] Dennoch versprachen die auf-
geklärt-geselligen Vereinigungen etwas Neues: einen nach Staaten, Ständen
und Konfessionen übergreifenden freien Zusammenschluss von Individuen,
die sich und die ganze Menschheit zu verbessern hofften. Die scheinbar unpolitischen sozial-moralischen Ideen und Praktiken der Geselligkeit des
18. Jahrhunderts sind folglich oft als eine schleichende kulturelle Unterwan-
derung der politischen Ordnung des Ancien Régimes gedeutet und diskutiert worden.

Im Mittelpunkt dieser Debatte, die im Grunde seit der Französischen
Revolution geführt wird, stand die Freimaurerei. Sie war nicht nur die zahlenmäßig größte, sondern auch die erste säkulare freiwillige Vereinigung auf
gemeineuropäischer Ebene.[3] Bei der Freimaurerei handelte es sich um eine
Art »moralische Internationale« (Reinhart Koselleck), die jenen geographischen Raum von Boston bis St. Petersburg, von Kopenhagen bis Neapel umspannte, in dem Ideen und Meinungen, Praktiken und Praktiker der Aufklärung zirkulierten. Neuere Studien zeichnen jedoch ein grundlegend anderes
Bild der Logen, als es noch aus den einflussreichen Deutungen von Reinhart
Koselleck oder François Furet vertraut ist.[4] Insbesondere an der Interpretation des für heutige Betrachter so bizarren Geheimkults der Logen lassen sich
die Unterschiede pointiert zeigen. Die aufklärerische Moral der Freimaurer
galt Koselleck und Furet als Emanzipationsideologie des recht- und macht-
losen Dritten Standes, der sich in den Logen zum Sturz der alten Ordnung
versammelte. Hieraus erkläre sich auch der Geheimkult der Freimaurer, die
Selbstüberhebung und Verschwörung der Moral gegen die Politik des absolutistischen Staates. Eine solche Sichtweise geht aber, wie neuere Studien zu den
westeuropäischen und russischen Freimaurern übereinstimmend zeigen, an
ihrem Selbstverständnis und ihren sozialen Praktiken vorbei; ganz abgesehen
davon, dass sie die Popularität der Logen im englischsprachigen Raum nicht

2 Rolf Reichardt, Zur Soziabilität in Frankreich beim Übergang vom Ancien Régime
zur Moderne, in: Etienne François (Hg.), Sociabilité et société bourgeoise en France, en
Allemagne et en Suisse, 1750–1850, Paris 1986, S. 27–41, 36; Maurice Agulhon, Pénitents
et Francs Maçons de l'ancienne Province, Paris 1984, S. 166–211, sowie grundlegend zu
den Vorläufern geselliger Vereine: Wolfgang Hardtwig, Genossenschaft, Sekte, Verein
in Deutschland, Bd. 1: Vom Spätmittelalter bis zur Französischen Revolution, München
1997.
3 James Van Horn Melton, The Rise of the Public in Enlightenment Europe, Cambridge
2001, S. 252.
4 Reinhart Koselleck, Kritik und Krise. Eine Studie zur Pathogenese der bürgerlichen
Welt [1959], Frankfurt 1989; François Furet, 1789 – Vom Ereignis zum Gegenstand der Geschichtswissenschaft, Frankfurt 1980.

erklären kann.[5] In Kontinentaleuropa zogen die Logen gleichermaßen aufstrebende Bürgerliche wie aufgeklärte Adlige an, die sich gemeinsam nach unten gegenüber dem »gemeinen Volk« abgrenzten. Die vom Geheimnis umschlossenen Logenräume waren mithin weder in Paris noch in Berlin, Wien oder St. Petersburg Treffpunkte einer aufgeklärten Gegenelite zum absolutistischen Staat, sondern »Stätten des sozialen Kompromisses«.[6]

Eine Gesellschaft, zu deren Mitgliedern viele hohe Staatsbeamte und Angehörige der europäischen Dynastien gehörten, konnte nicht wirklich eine geheime Verschwörung gewesen sein. Im Gegenteil: Wer Logenmitglied war und worauf die sozial-moralischen Ideen der Freimaurerei zielten, war ein beliebtes Gesprächsthema der Zeit. Alexej Il'in hielt in seinem Tagebuch mehrere Begebenheiten fest, bei denen er von Nichtfreimaurern und ihren Ehefrauen interessiert auf seine Logenmitgliedschaft angesprochen wurde, ohne sie zuvor von dieser in Kenntnis gesetzt zu haben. Warum aber dann der Geheimkult der Logen? Das Geheimnis sollte einen Ort in der Gesellschaft schaffen, der nicht geheim, sondern nur *geschützt* war, um der Tugend – dem Leitbegriff des Jahrhunderts – einen künstlichen Raum zur Entfaltung zu geben. Hieraus erklärt sich auch die Popularität, welche die Freimaurerlogen in England und seinen nordamerikanischen Kolonien besaßen. Das war auch Tocqueville entgangen, der die geheimen Gesellschaften, ähnlich wie später Koselleck oder Furet, als ein Produkt des kontinentaleuropäischen Gegensatzes von Staat und Gesellschaft ansah.

Die Freimaurerei hat ihren Ursprung in der politischen Kultur Englands und Schottlands am Ende des 17. Jahrhunderts, einer Zeit nach Bürgerkrieg

5 Margaret C. Jacob, Living the Enlightenment. Freemasonry and Politics in Eighteenth-Century Europe, New York 1991; Eric Saunier, Révolution et sociabilité en Normandie au tournant des XVIIIe et XIXe siècles: 6000 franc-maçons normands de 1750 à 1830, Rouen 1995; Douglas Smith, Freemasonry and the Public in Eighteenth-Century Russia, in: Eighteenth-Century Studies, Jg. 29, 1995, S. 25–44; ders., Working the Rough Stone. Freemasonry and Society in Eighteenth-Century Russia, DeKalb 1999, insbes. S. 114f. zu den Tagebüchern von Alexej Il'in; aus der älteren Literatur zu den russischen Logen: Tira Sokolovskaja, Russkoe masonstvo i ego značenie v istorii obščestvennogo dviženija, (XVIII i pervaja četvert XIX stoletija), [1907] Moskau 1999; Steven C. Bullock, Revolutionary Brotherhood. Freemasonry and the Transformation of the Amercian Social Order, 1730–1840, Chapel Hill 1996.

6 Daniel Roche, Die *sociétés de pensée* und die aufgeklärten Eliten im 18. Jahrhundert, in: Rolf Reichardt u. Hans-Ulrich Gumbrecht (Hg.), Sozialgeschichte der Aufklärung in Frankreich, München 1981, S. 77–115, 115; allg. ders., Les républicains des lettres. Gens de culture et Lumières au XVIIIe siècle, Paris 1988. Auch in England war der Klub ein »vehicle for mixed gatherings« und stand in »co-ordination and not in opposition with traditional elites«. Lawrence E. Klein, Politeness and the Interpretation of the British Eighteenth-Century, in: Historical Journal, Jg. 45, 2002, S. 869–98, 894.

und Revolution. Die Logen wollten neutrale soziale Räume sein, frei von jedem politischen oder konfessionellen Streit.[7] Hierfür entwickelten sie eigene Verfassungen, Rituale und Regeln des Verhaltens und erhoben den Anspruch, durch die Übung der individuellen Tugend, geselligen Austausch und Wohltätigkeit dem gemeinen Wohl zu dienen. *Virtue, merit* und *harmony* sollten an die Stelle von *passion, rank* und *discord* treten. Sowohl die Ideen als auch die sozialen Praktiken der Logen ähnelten, wie schon die Zeitgenossen bemerkten, denen der anderen britischen Klubs und Vereine des Jahrhunderts, ungeachtet des für heutige Betrachter bizarren Geheimkults.[8] Die Logen, Klubs und Vereine waren ein Phänomen der rasch wachsenden Städte Englands, mit London als überragendem Zentrum. Sie verbanden zwanglos ein neues Bedürfnis von Männern nach Freizeitvergnügen (man traf sich zu jener Zeit noch nicht in eigenen Vereinshäusern, sondern ausschließlich in Tavernen und in *coffee houses*) mit dem Impuls sozial-moralischer Reform. Letzterer verstärkte sich in den 1780er Jahren, als sich die »versittlichenden« Aktivitäten der neuen religiösen, moralischen und philantropischen Vereine nicht mehr primär auf die Erziehung der eigenen Mitglieder, sondern des »gemeinen Volkes« richtete. Auch hierfür waren die Logen mit ihren Wohltätigkeitsbemühungen ein Vorbild gewesen.

In Kontinentaleuropa behielt die Freimaurerei die Grundzüge ihres Entstehungszusammenhangs in der politischen Kultur Englands und Schottlands bei. »British ceremonies, rituals and languages are being translated into new cultural settings, utterly specific to their time, place, and language. [...] Much of the ritual will be reworked and elaborated upon by Continental lodges. Yet the core of the idealism [...] with its utopian cast, will remain recognizable in various European languages, well into the 1780s, and it will attract men of middling ranks, as well as the aristocracy.«[9] Gerade in dem Anspruch, über der ständischen und konfessionellen Ordnung zu stehen, lag in Kontinentaleuropa eine besondere Anziehungskraft der Freimaurerei, die in ihren elaborierten Ritualen vermittelt wurde. »Sobald wir versammelt sind, werden wir alle Brüder, der übrige Theil der Welt aber ist uns fremd«, heißt es in einer

7 Vgl. Jacob, Enlightenment, Kap. 1 u. 2.
8 Peter Clark, British Clubs and Societies 1580–1800. The Origins of an Associational World, New York 2000, S. 312; sowie allg. ders., Sociability and Urbanity. Clubs and Societies in the Eighteenth-Century City, Leicester 1986; John Money, Experience and Identity. Birmingham and the West Midlands, 1760–1800, Manchester 1977, S. 98–102; Peter Borsay, The English Urban Renaissance. Culture and Society in the Provincial Town 1660–1770, Oxford 1991, Kap. 10: Civility and Sociability; John Brewer, The Pleasures of Imagination. English Culture in the Eighteenth Century, New York 1997, S. 98–113.
9 Jacob, Enlightenment, S. 72.

deutschen Logenrede 1753. »Der Fürst und der Unterthan, der Edelmann und Bürger, der Reiche und Arme, ist einer so gut als der andere, nichts unterscheidet sie von einander, und nichts trennet sie. Die Tugend macht sie alle gleich.«[10] Ein Wetzlarer Freimaurer hielt die partielle Einlösung dieses Gleichheitsanspruchs Anfang der achtziger Jahre in seinem Tagebuch fest. Als bleibenden Eindruck der Aufnahme in die Loge nannte er »die Eintracht der Brüder, wo arm und reich gemein und vornehm ohne Rang, ohne Praetension unter einander saßen.« Und weiter heißt es: »da sang mein Geist mit Empfindungen deren er noch nie fähig war.«[11] Weniger aus den aufgeklärten Logenreden als aus dem unmittelbaren Erlebnis von Gleichheit im Umgang mit den »Brüdern« scheint sich die Faszination der Logen zu erklären. Handschlag und Treueschwur, Bruderkuss und der gezogene Degen auf der Brust des Initiaten vermittelten und bekräftigten sinnlich die neue, weltumspannende Gemeinschaft einer selbsternannten Tugendelite. Hierin lag ganz unzweifelhaft auch eine utopische Spitze gegen die ständische Ordnung, wenn gleich den Teilnehmern an der Geselligkeit immer bewusst war, dass es sich nur um eine »gespielte Egalität« handelte.

Auch für die russischen Freimaurer war der Zusammenhang von Tugend, Geselligkeit und einer Verbesserung des Gemeinwesens zentral. Die Tugend sollte Garant einer politisch nicht korrumpierten Gesellschaft sein. Der Weg zur Tugend führte über die Aneignung von Moral und Sitten, von *nravoučenie*, etwa in den elaborierten freimaurerischen Ritualen. »The lodge, therefore, occupied a privileged place in the social landscape of the public. Its inhabitants claimed both to possess secret knowledge required to attain virtue and to be the personification of virtue. This, less than the danger of state repression, accounts for the main function of Masonic secrecy. For through their actions, the Masons attempted to establish a hierarchy within the public based not on the nobility of one's family, nor on one's rank (*chin*), status at court, or wealth, but on one's proximity to virtue, having placed themselves at its pinnacle. [...] The Masons saw themselves as engaged in nothing less than the construction of a new man, a man of morals and virtue who possessed the traits necessary for the maintenance of the social order and the betterment of the common weal.«[12]

10 Zit. n. Norbert Schindler, Freimaurerkultur im 18. Jahrhundert. Zur sozialen Funktion des Geheimnisses in der entstehenden bürgerlichen Gesellschaft, in: Robert M. Berdahl u.a. (Hg.), Klassen und Kulturen, Frankfurt 1982, S. 205–262, 210.

11 Zit. n. Michel Espagne, Welches sind die Bestandteile der Aufklärung? Aus dem Pariser Nachlaß eines Wetzlarer Freimaurers, in: Jb. der deutschen Schillergesellschaft, Bd. 32, 1988, S. 28–50, 33.

12 Smith, Freemasonry and the Public, S. 35, 37.

Eine solche Betonung der Idee moralischer Verbesserung, von Tugendübung und Bildung, ist keine Besonderheit der Logen, sondern ein gemeinsamer Grundzug der europäischen Aufklärung, der gleichsam den Antrieb für die Geselligkeitseuphorie seit der Mitte des 18. Jahrhunderts bildete. Von der *sociabilité* (der französische Begriff entstand erst Anfang des Jahrhunderts) versprachen sich die Aufklärer, die Konflikte und Feindschaft scheuten und Harmonie und Leichtigkeit schätzten, eine Synthese aus Eigenem und Fremden, Vernunft und Gefühl, Moral und Ökonomie, ohne dass die politische Ordnung grundsätzlich in Frage gestellt werden müsse.[13] So meinte der englische Aufklärer William Hutton: »Man is evidently formed for society: the intercourse of one with another, like two blocks of marble in friction, reduces the rough prominence of behaviour, and gives a polish to the manners.« »Bildung, Cultur und Aufklärung« galten auch Moses Mendelssohn allein als »Modifikationen des geselligen Lebens, Wirkungen des Fleißes und der Bemühungen der Menschen, ihren geselligen Zustand zu verbessern«.[14] Insbesondere schottische Aufklärer wie Adam Smith, die in Europa begeistert gelesen wurden, glaubten, dass in einer zunehmend als künstlich, egoistisch und fragmentiert wahrgenommenen Welt die Geselligkeit ein, wenn nicht der Schlüssel zu politischer Tugend und damit zu einer besseren Gesellschaft sei. »And the community, not some moral legislator, was the proper custodian of ethics. After Smith, most practical Scottish moralists accepted the fact that ethics originated in native feeling rather than abstract logic or reason, and even more important, that both public and private virtue had their basis in small-scale interactions of a seemingly trivial kind.«[15] Die Anziehungskraft, welche die Geselligkeit auf das politische Denken europäischer Aufklärer ausübte, erklärt sich auch aus ihrem Eindruck, dass eine bloß der Vernunft folgende Bestimmung der Natur des Menschen einseitig sei. Die Aufklärung hatte ihre eigene Kritik gleich mit hervorgebracht.

13 Daniel Gordon, Citizens without Sovereignity. Equality and Sociability in French Thought, 1670–1789, Princeton 1994, 6; Fania Oz-Salzburger, New Approaches towards the History of the Enlightenment, in: Tel Aviver Jahrbuch für deutsche Geschichte, Jg. 24, 2000, S. 171–182, 181, sowie, die Ambivalenz eines solchen harmonischen Geselligkeitsideals herausarbeitend: Pierre Saint-Amand, The Laws of Hostility. Politics, Violence, and the Enlightenment, Minneapolis 1996.

14 Zit. n. Borsay, Urban Renaissance, S. 267; u. Manfred Riedel, Gesellschaft, bürgerliche, in: Geschichtliche Grundbegriffe, Bd. 2, 1975, S. 719–863, 751.

15 John Dwyer, The Imperative of Sociability. Moral Culture in the Late Scottish Enlightenment, in: British Journal for Eighteenth-Century Studies, Jg. 13, 1990, S. 169–184, 171; allg. ders. (Hg.), Sociability and Society in Eighteenth-Century Scotland, Edinburgh 1993; Emma Rothschild, Economic Sentiments. Adam Smith, Condorcet, and the Enlightenment, Cambridge, Mass. 2001.

Zur »Vereinigungswut« (*rage de s'associer*) trat ein weiteres zeitgenössisches Schlagwort: die »Lesesucht«. Gesellichkeit und Öffentlichkeit bildeten ein historisches Zwillingspaar. In den geselligen Räumen »begegnete die Öffentlichkeit sich selbst«.[16] Das Bedürfnis nach Bildung und Konversation über den eigenen Horizont hinaus führte zur Gründung von Lesezirkeln und Lesekabinetten. Sie entstanden wiederum zuerst in England im frühen 18. Jahrhundert, breiteten sich aber rasant seit der Mitte des Jahrhunderts auch in Kontinentaleuropa, insbesondere in Frankreich und Deutschland aus, parallel zu den erstaunlichen Zuwachsraten in der Buchproduktion. Ein englischer Reisender beschrieb 1788 solche Orte, an denen man Bücher lesen konnte, ohne sie kaufen zu müssen: »Eine in den Handelsstädten Frankreichs verbreitete Institution, die vor allem in Nantes viel Erfolg hat, ist die ›chambre de lecture‹, der Leseverband, den man mit unserem ›book club‹ vergleichen kann. Es gibt drei Säle: einen Saal, in dem man lesen kann, einen weiteren, wo das Gespräch gepflegt wird, und einen dritten, der die Bibliothek beherbergt. Im Winter werden sie durch große Öfen erwärmt, und überall gibt es Kerzen.«[17] Die Grenzen zwischen den Lesekabinetten und den literarischen Gesellschaften (*sociétés littéraires*), deren Zahl seit der Mitte des Jahrhunderts rasch zunahm, waren fließend. Auch die deutschen Lesegesellschaften stellten den geselligen Austausch, das Gespräch in den Mittelpunkt ihrer Arbeit. Die erste deutsche Lesegesellschaft datiert aus dem Jahr 1760, die Zahl der Gründungen nimmt in den folgenden dreißig Jahren rasch zu, nach Schätzungen entstanden in diesem Zeitraum mehr als ein halbes Tausend solcher Organisationen.[18] In ihnen fanden sich, ähnlich wie in den Logen, die gebildeten Eliten aus Adligen, Beamten, Advokaten, Medizinern, Professoren und Geistlichen zusammen. In einer Zeit, da bestenfalls ein Viertel der Bevölkerung

16 Lucian Hölscher, Die Öffentlichkeit begegnet sich selbst. Zur Struktur öffentlichen Redens im 18. Jahrhundert zwischen Diskurs- und Sozialgeschichte, in: Hans-Wolf Jäger (Hg.), Öffentlichkeit im 18. Jahrhundert, Göttingen 1997, S. 11–31.

17 Roger Chartier, Der Lesezirkel, in: Heinz-Gerhard Haupt (Hg.), Orte des Alltags, München 1994, S. 185–192, 189; ders. u. Daniel Roche, Les Pratiques urbaines de l'imprimé, in: Roger Chartier u. Henri-Jean Martine (Hg.), L'Histoire de l'edition française, Bd. 2, Paris 1984, S. 402–429; allg. Roger Chartier, Lecture et lecteurs dans la France d'Ancien Régime, Paris 1987.

18 Marlies Stützel-Prüsener, Die deutschen Lesegesellschaften im Zeitalter der Aufklärung, in: Otto Dann (Hg.), Lesegesellschaften und bürgerliche Emanzipation. Ein europäischer Vergleich, München 1981, S. 71–86; sowie zuletzt die Lokalstudien von Torsten Liesegang, Lesegesellschaften in Baden. Ein Beitrag zum Strukturwandel der literarischen Öffentlichkeit, Berlin 2000; Hilmar Tilgner, Lesegesellschaften an Mosel und Mittelrhein im Zeitalter des Aufgeklärten Absolutismus. Ein Beitrag zur Geschichte der Aufklärung im Kurfürstentum Trier, Stuttgart 2001.

zum lesenden Publikum zählte, kann eine solche soziale Exklusivität kaum überraschen. In den großen Handelsstädten, wie Hamburg, Frankfurt oder Leipzig, finden sich in den Lesegesellschaften viele Händler und Unternehmer. Wie die Logen vermehrten sie sich vor allem im protestantischen Nord- und Mitteldeutschland, dem Kerngebiet der deutschen Aufklärung.

Die Mitglieder solcher Zirkel und Gesellschaften waren, wie Roger Chartier betont hat, untereinander gleich, wie auch immer ihre ständische Position sein mochte, sie wollten sich wechselseitig zu einem höheren Grad der Zivilisiertheit erziehen, und sie schufen einen neuen transnationalen Sozialraum, in dem Texte und Ideen der europäischen Aufklärung zirkulierten und kritisch besprochen werden konnten.[19] Dieser Raum umfasste alle europäischen Länder und zum Teil auch die außereuropäischen Kolonien des Britischen Empire. Von der Mitte bis zum Ende des 18. Jahrhunderts überzog ein kaum noch rekonstruierbares Netz von Lesegesellschaften, Logen und Klubs, aber auch von informellen Geselligkeitsformen wie den Kaffeehäusern und Salons, auf die hier nicht eingegangen werden kann, die von Europäern erschlossene Welt.[20]

Kommerz und Marktgesellschaft standen keineswegs im Widerspruch zur Tugendideologie, sondern waren vielfältig mit der Geselligkeit verknüpft. Freimaurer zahlten hohe Eintrittsgebühren für ihr Logenpatent, das es ihnen auch ermöglichte, auf Reisen die Logen anderer Städte und Länder zu besuchen. Dort fanden sie oft Anschluss an die lokalen Geselligkeitskreise, die ihnen auch Geschäftskontakte eröffneten. Fremde, aber auch konfessionelle Minderheiten, gewannen durch die Geselligkeit der Logen Zugang zu den lokalen Eliten, wie das Beispiel der Hugenotten in Leipzig zeigt.[21] Die transnationale Diffusion solcher Geselligkeitsformen wie den Logen folgte denn auch oft den Handels- und Reiserouten. London bildete in den meisten Fällen den

---

19 Chartier, Lesezirkel, S. 192.

20 Vgl. z.B. Dena Goodman, The Republic of Letters. A Cultural History of the French Enlightenment, Ithaca 1994; Brian Cowan, The Social Life of Coffee. Commercial Culture and Metropolitan Society in Early Modern England, 1600–1720, Ph.D. diss. Princeton 2000; Steven Pincus, ›Coffee Politicians Does Create‹. Coffeehouses and Restoration Political Culture, in: Journal of Modern History, Jg. 67, 1995, S. 807–834; sowie der Überblick bei Van Horn Melton, Rise of the Public, Kap. 6 u. 7; u. T.C.W. Blanning, The Culture of Power and the Power of Culture. Old Regime Europe 1660–1789, Oxford 2002, Teil II: The Rise of the Public Sphere.

21 Katharina Middell, Leipziger Sozietäten im 18. Jahrhundert. Die Bedeutung der Soziabilität für die kulturelle Integration von Minderheiten, in: Neues Archiv für Sächsische Geschichte, Jg. 69, 1998, S. 125–158; Robert Beachy, Club Culture and Social Authority, Freemasonry in Leipzig, 1741–1830, in: Trentmann (Hg.), Paradoxes, S. 157–175.

Ausgangspunkt, von dort ging es entweder nach Boston oder nach Amsterdam, Bordeaux oder Hamburg, Riga oder St. Petersburg. Die ersten geselligen Klubs in Russland wurden von deutschen oder englischen Kaufleuten gegründet, so in den frühen 1770er Jahren der »Bürger-Klub« in St. Petersburg, besser bekannt unter dem Namen seines Gründers als der »Schuster-Klub«, oder der »Englische Klub«, der für ein Jahrhundert zum prestigereichsten Klub Russlands aufstieg und zu dessen Mitgliedern nicht nur der Historiker und Schriftsteller N.M. Karamzin, die Dichter A.S. Puškin und V.A. Žukovski sowie der aufgeklärte Staatsmann M.M. Speranski zählten, sondern auch viele Deutsche und Engländer.[22]

Ungeachtet der Tatsache, dass die aufgeklärte Geselligkeit so rasch und räumlich weit ausgreifend expandierte, lässt sich ein West-Ost-Gefälle in der Dichte und Bedeutung der geselligen Vereine nicht übersehen. Bei aller Begeisterung über einige Gemeinsamkeiten in den Ideen und sozialen Praktiken der Geselligkeit im 18. Jahrhundert gab es nationale und regionale Unterschiede. So wie die Forschung nicht mehr von einer Aufklärung, sondern von vielen verschiedenen Aufklärungen spricht, sollte man statt von einer europäischen »geselligen Gesellschaft« eher von mehreren, lose miteinander verknüpften geselligen Gesellschaften sprechen, deren politischer und sozialer Kontext sehr verschieden sein konnte.

Der gravierendste Unterschied zu Westeuropa (einschließlich der Kolonien in Neuengland) besteht sicher darin, dass die geselligen Vereine in den kleineren Städten der Provinz in Ostmittel- und Osteuropa nicht die gleiche zahlenmäßige Verbreitung und Dichte erreichten.[23] Besaß England schon im 18. Jahrhundert außer den bekannten *coffee houses* eine Vielzahl von Klubs und Vereinen (in einer Stadt wie Norwich war 1750 jeder fünfte Mann ein Vereinsmitglied), verbreiteten sich diese in Neuengland und auf dem Kontinent signifikant erst seit der Mitte des 18. Jahrhunderts. Vor 1760 gab es in Massachusetts und Maine nur wenige Dutzend gesellige Vereine, ein Drittel davon in Boston, der neben Philadelphia einzigen größeren Stadt der Kolonien. Die Situation änderte sich dramatisch in den darauf folgenden Jahrzehnten des politischen Umbruchs. Zwischen 1760 und 1820 wurden mehr als 1900 Vereine in Massachusetts und Maine gegründet.[24] Auch die soziale Reichweite und Differenzierung der geselligen Vereine war im englischen und französi-

---

22 Smith, Freemasonry, S. 81.

23 Vgl. die Beiträge in Éva H. Balász u.a. (Hg.), Beförderer der Aufklärung in Mittel- u. Osteuropa. Freimaurer, Gesellschaften, Clubs, Berlin 1979.

24 Richard D. Brown, The Emergence of Urban Society in Rural Massachusetts, 1760–1820, in: Journal of American History, Jg. 61, 1974, S. 29–51, 38.

schen Sprachraum größer als in Mittel- und Osteuropa. In Frankreich strömten zwischen 1760 und 1790 auch die bislang ausgeschlossenen Schichten des Bürgertums, die Handwerker und die kleineren Kaufleute, in die Logen; vor 1789 gab es hier ca. 700 Logen mit annähernd 40 000 Mitgliedern, ein Großteil kam aus dem Dritten Stand. Die im frühen 19. Jahrhundert übliche soziale Abstufung der Vereine wurde in den Logen vorweggenommen. In den Städten der französischen Provinz gab es oft eine Dreiteilung: Aristokratie und bürgerliche Finanzaristokratie, die Mittelklassen und schließlich *boutique* und *artisanat* trafen sich jeweils in eigenen Logen, die unabhängig voneinander agierten und direkt mit Paris im Austausch standen.[25]

In Mittel- und Osteuropa war die »gesellige Gesellschaft« elitärer, noch enger mit der Hofgesellschaft verknüpft, und konnte sich nicht in gleichem Maße auf eine bildungsbeflissene Mittelklasse in kleineren und mittleren Städten stützen. Dennoch gab es etwa in Wien (und, im kleineren Maßstab, auch in Warschau, Prag, Buda oder Pest) Salons, Lesezirkel und Logen, von deren einzigartigem kulturell-geistigem Leben die Aufklärungsoper schlechthin, die »Zauberflöte« der Logenbrüder Schikaneder und Mozart, zeugt. Europaweit von Bedeutung und typisch für ein Jahrhundert, welches das Zusammengehen von Staat und »geselliger Gesellschaft« kennzeichnete, waren auch die gelehrten »Patriotischen«, »Gemeinnützigen« oder »Ökonomischen« Gesellschaften. Sie hatten sich zum Ziel gesetzt, wissenschaftliche Erkenntnisse etwa über den Ackerbau oder die Hygiene in praktische wirtschaftliche und soziale Reformprojekte umzusetzen. Die 1765 unter Katharina II. gegründete »Freie Ökonomische Vereinigung« etwa überlebte alle Wechselfälle der russischen Politik und existierte bis zum Ende des Zarenreichs im Jahr 1917.[26]

Eben weil sie sich als eine schmale, staatsnahe Elite verstanden, konnten die Freimaurer oder die Mitglieder gelehrter Gesellschaften auf die josephinische Reformpolitik (ähnlich wie einige Jahre später auf die preußischen Reformen) Einfluss ausüben. Das gilt eingeschränkt auch für Russland. Hier verbreiteten sich, wie erwähnt, die mehr als 135 Logen mit ca. 3000 Mitgliedern bis in entlegene Gouvernementsstädte wie Kasan' oder Irkutsk, im Vergleich zu England, Frankreich oder Preußen gewiss eine geringe Zahl. Ihre Ausstrahlungskraft sollte dennoch nicht unterschätzt werden. Die Logen spielten eine bedeutende Rolle bei der Entstehung einer eigenen philanthropischen Kultur in Russland. »Detaching the obligation to do good from its strictly religious context, Masonry also made it the moral and civic duty of every enlightened indi-

---

25 Daniel Roche, La siècle des lumières en province. Académies et académiens provinciaux, 1680–1789, Bd. 1, Paris 1978, S. 263 ff., 272 ff.

26 Vgl. Bradley, Subjects into Citizens, S. 1107 ff.

vidual. The humanitarian element in Masonic philosophy introduced to Russia the idea of charitable activity as a means of improving the general welfare.«[27] Der bekannte Moskauer Freimaurer und Aufklärer Nikolai I. Novikov gründete 1782 den ersten russischen Wohltätigkeitsverein (»Družeskoe učenoe obščestvo«), der von Privatleuten finanziert wurde und den Anspruch der individuellen moralischen Verbesserung mit der Idee sozialer Reform verknüpfte. Der europäische Aufklärungsdiskurs mit seiner Betonung von *sociabilité* und *civilité* hat nicht nur in der Praxis der geselligen Vereine, sondern auch als ideeller Filter das Selbstbild der russischen Bildungseliten in einem Maße geprägt, dass die Unterscheidung in »aufgeklärt«/»zivilisiert« und »rückständig«/»barbarisch« im positiven wie negativen Sinne für mehr als ein Jahrhundert zum ideologischen Fixpunkt der politischen Ideengeschichte Russlands wurde, so wie umgekehrt der westeuropäische Diskurs über das östliche Europa seit der Aufklärung mit dieser zivilisatorischen Meßlatte operierte.[28]

Ein anderer, augenfälliger Unterschied besteht im Einfluss des Staates auf die geselligen Vereinigungen. Auch wenn man angesichts neuerer Forschungen vielleicht heute nicht mehr sagen wird, dass Gesellschaft im 18. Jahrhundert allein eine »staatliche Veranstaltung« (Dietrich Geyer) war, so falsch wäre jedoch der Umkehrschluss, dass im späten 18. Jahrhundert in Russland eine »Zivilgesellschaft« nach heutigem Verständnis im Entstehen begriffen gewesen sei, zumal davon selbst in Westeuropa nur mit Vorsicht die Rede sein kann.[29] Die geselligen Vereine unterlagen in Mittel- und Osteuropa mehr der staatlichen Kontrolle; schon im Vorfeld der Französischen Revolution setzte darüber hinaus eine Repressionswelle gegen die geselligen Vereine ein, die republikanisch-demokratischer Sympathien verdächtigt wurden. Im Jahr 1785 erließ Joseph II. das Freimaurer-Patent, in dem er die Zahl der Logen beschränkte und sie unter staatliche Aufsicht stellte. Nach Ausbruch der Französischen Revolution und dem Tod Josephs II. brachte die Gegenaufklärung sie in Misskredit. 1794 stellten die letzten Wiener Logen ihre Tätigkeit ein. In Russland wurde Novikov 1792 verhaftet und die Freimaurerei ebenfalls kurzzeitig verboten.

27 Adele Lindenmeyer, Poverty Is Not a Vice. Charity, Society, and the State in Imperial Russia, Princeton 1996, S. 103.

28 Vgl. z.B. A.I. Zimin, Evropocentrizm i russkoe kul'turno-istoričeskoe samosoznanie, Moskau 2000; Larry Wolff, Inventing Eastern Europe. The Map of Civilisation on the Mind of the Enlightenment, Stanford 1994.

29 Vgl. Dieter Geyer, »Gesellschaft« als staatliche Veranstaltung. Bemerkungen zur Sozialgeschichte der russischen Staatsverwaltung im 18. Jahrhundert, in: Jahrbücher für Geschichte Osteuropas, N.F., Jg. 14, 1966, S. 21–50; die neuere Forschung zu Russland zusammenfassend: Hildermeier, Zivilgesellschaft.

Die Politisierung der Geselligkeit, die schon im Vorfeld der Französischen Revolution einsetzte, führte freilich in ganz Kontinentaleuropa zu einer Krise der aufgeklärten Geselligkeit, eben weil sie mit der alten politisch-sozialen Ordnung verknüpft war. In den Vereinigten Staaten und England war die Situation jetzt anders, was sich wiederum anschaulich am Beispiel der Logen zeigen lässt. In den Vereinigten Staaten gewannen sie seit den politischen Umbrüchen der siebziger Jahre eine neue, überragende Bedeutung. »Colonial Masons considered their order a means of entering public life, of teaching the manners necessary for genteel behavior, and for encouraging the love that hold society together. The growing post-Revolutionary disjunction between a competitive, impersonal world and an affective private world, however, changed Masonry. The rapidly expanding fraternity gained a new role in civic ritual and came to be seen by many as a key element in republican attempts to spread liberty and create public virtue.«[30] In England besaßen die Logen immer schon auch ein konservativ-christliches Gepräge und sahen sich nicht im Widerspruch zur konstitutionellen Monarchie. An ihrer Spitze stand seit 1782 der Duke of Cumberland, ihm folgte 1789 der Prince of Wales. Nicht »Liberté«, »Egalité« und »Fraternité« waren hier um 1800 die Leitbegriffe, eher die Einübung von politischer Tugend und Patriotismus durch eine bewusst exklusive Geselligkeit in einer Zeit politischen, sozialen und ökonomischen Wandels.[31]

In Frankreich wurden die Logen schon Anfang der siebziger Jahre mit der Gründung des »Grand Orient de France« einer stärkeren Zentralisierung und Reformpolitik »von oben« unterworfen. Nach 1789 wurden die meisten Logen, wie auch andere aufgeklärte Geselligkeitsformen, etwa die Akademien und Lesegesellschaft, geschlossen. Die Erklärung der Menschenrechte von 1789 enthält nicht das Recht auf freie Vereinigung. Zwischen Staat und Individuum sollte es keine Zwischengewalten geben. Einzig die neuen politischen Klubs der Jakobiner waren zugelassen. In ihnen organisierte sich der demokratische Radikalismus.[32] Die neue Verfassung von 1795 verbot auch die politischen Klubs, denen allgemein der revolutionäre Terror zur Last gelegt

30 Bullock, Revolutionary Brotherhood, S. 4.

31 John Money, The Masonic Moment; Or, Ritual, Replica, and Credit: John Wilkes, the Macaroni Parson, and the Making of the Middle-Class Mind, in: Journal of British Studies, Jg. 32, 1993, S. 358–395, 372; ders., Freemasonry and the Fabric of Loyalism in Hanoverian England, in: Eckhart Hellmuth (Hg.), The Transformation of Political Culture. England and Germany in the Late Eighteenth Century, Oxford 1990, S. 235–271.

32 Vgl. Jean Boutier u. a., Atlas de la Révolution française, Bd. 6: Les sociétés politiques, Paris 1992; ders. u. Philippe Boutry, Les Sociétés politiques en France de 1789 á l'an III: une »machine«, in: Revue d'histoire moderne et contemporaine, Jg. 36, 1989, S. 29–67.

wurde. Nach dem Ende der Revolution wurden die Logen unter staatlicher Aufsicht von Bonaparte wieder zugelassen, ebenso wie in Russland, dort freilich nur für zwei Jahrzehnte. In Preußen erfolgte nun im Zuge der Einführung des »Allgemeinen Landrechts« ebenfalls eine stärkere Anbindung der Logen an den Staat. Wie andere gesellige Vereinigungen wurden sie mit Misstrauen beobachtet, zumal ein nicht geringer Teil der mit den Reformen befassten staatlichen Beamten selbst zu den Logenbrüdern zählte.

Der neuen Öffentlichkeit und den geselligen Vereinigungen, insbesondere den Freimaurerlogen, wurden in Kontinentaleuropa nachträglich die republikanisch-demokratischen Ideen und ihre politische Praxis, der Tugendterror der Französischen Revolution, zur Last gelegt. Ein solcher direkter Zusammenhang, an den später auch viele Historiker geglaubt haben, geht, wie gezeigt, am Selbstverständnis und der sozialen Praxis der »geselligen Gesellschaft« vorbei.[33] Die Suche nach den Ursprüngen der modernen Demokratie oder sogar des Totalitarismus des 20. Jahrhunderts in der Aufklärungssoziabilität »ist offensichtlich eine historiographische Falle, ihre ideelle und soziale Kohärenz eine Projektion ex post«.[34] Die Logen, Lesezirkel, Museen, gelehrten Gesellschaften und Akademien waren nicht nur sozial, sondern auch politisch Orte des Kompromisses, und das in den einzelnen europäischen Ländern auf je unterschiedliche Art und Weise. In ihnen war die Vernunft und Tugend ebenso zu Hause wie der Okkultismus und das aristokratische Amusement. Sie zogen eigene neue Grenzen, oft etwa gegenüber den Frauen, immer aber auch nach unten, gegenüber dem »gemeinen Volk«. Die geselligen Vereinigungen des Ancien Régime waren, wie Gérard Gayot folgert, »nicht Schulen der Gleichheit und Demokratie, ebenso wenig waren sie Laboratorien, in denen zukünftige Bürger gebildet wurden.«[35]

Einer solchen zugespitzten, die Zeitgebundenheit der aufgeklärten Geselligkeit betonenden Sichtweise steht in der neueren Forschung eine andere gegenüber, die sie als genuin modernes Phänomen einer entstehenden *civil society* begreift. Ungeachtet ihrer sozialen Exklusivität können danach nicht nur die Logen, sondern auch etwa die Lesekabinette und Lesegesellschaften als soziale Räume innerhalb des alten Staates angesehen werden, in denen demo-

---

33 Robert Darnton, Washingtons falsche Zähne, oder noch einmal: Was ist Aufklärung?, München 1997.

34 Fred E. Schrader, Soziabilitätsgeschichte der Aufklärung. Zu einem europäischen Forschungsproblem, in: Francia, Jg. 19, 1992, S. 177–194, 190.

35 Gérard Gayot, War die französische Freimaurerei des 18. Jahrhunderts eine Schule der Gleichheit?, in: Hans Erich Bödeker u. Etienne François (Hg.), Aufklärung/Lumières und Politik. Zur politischen Kultur der deutschen und französischen Aufklärung, Leipzig 1996, S. 235–247, 247.

kratische Praktiken (Ausarbeitung von Satzungen, Wahl von Mitgliedern, Beratung über die Anschaffung von neuen Werken) spielerisch eingeübt werden konnten, in denen mithin »die Aufklärung gelebt wurde«. Die europäischen Freimaurerlogen, so weiter Margaret Jacob, »transmitted and textured the Enlightenment, translated all the cultural vocabulary of its members into a shared and common experience that was civil and hence political. Rather than imagining the Enlightenment as represented by the politics of Voltaire, or Gibbon, or even Rousseau, or worse as being incapable of politics we might just as fruitfully look to the lodges for a nascent political modernity.«[36]

Beide Sichtweisen schließen sich aber nicht notwendig aus. Ideen, Diskurse und soziale Praktiken sind nicht allein gebunden an ihren Entstehungszusammenhang und an die Intentionen der Zeitgenossen; sie können überraschende politische Effekte zeitigen. Die politische Pointe aufgeklärter Geselligkeit konnte ihren Praktikern im 18. Jahrhundert durchaus verborgen bleiben. In ihrer moralischen Motivation, ihrem Glauben an den Zusammenhang von Tugend und Geselligkeit, in der partiell ständische, konfessionelle und staatliche Grenzen überschreitenden sozialen Praxis mit ihrer Betonung von Legalität und Legitimität, Bildung und Öffentlichkeit, Regierung des Selbst und Reform der Gesellschaft, die auf einem neuen, ethisch begründeten Wertesystem beruhte, lag zweifellos ein implizit negatives Urteil über die Prinzipien des Ancien Régime, auch wenn sich die Teilnehmer an der Geselligkeit nicht im Widerspruch mit der bestehenden Ordnung verstanden, ja, zu deren Stützen gehörten.[37]

36 Jacob, Enlightenment, S. 224.
37 Roger Chartier, Die kulturellen Ursprünge der Französischen Revolution, Frankfurt 1995, S. 196.

II.2. Intimität und Exklusivität (1820 bis 1848/49)

Die drei Jahrzehnte vor den europäischen Revolutionen von 1848/49 gelten in der historischen Forschung gemeinhin als das »goldene Zeitalter« der geselligen Vereine. In einer Aufschwungphase der Assoziationsgründung bildete sich in den französischen und deutschen städtischen Gesellschaften ein dichtes Geflecht an geselligen Vereinen (das erst seit kurzem genauer untersucht wird), zeitgleich mit den Vereinigten Staaten, wo die Jahre zwischen 1825 und 1845 allgemein als die »era of associations« (Mary P. Ryan) angesehen werden.[38] Viele dieser Assoziationen besaßen ihre Vorläufer in den sozial-moralischen Reformvereinen Englands des späten 18. Jahrhunderts. Bevor ein transnational vergleichender Blick auf diese reiche Vereinslandschaft geworfen wird, soll zunächst diachron vergleichend gezeigt werden, wie die Vereine des frühen 19. Jahrhunderts an die Geselligkeit der Aufklärungszeit anknüpften.

Zunächst einmal gab es ganz unmittelbar organisatorische und personelle Verknüpfungen. Neuere lokale Studien zu französischen oder deutschen Städten haben gezeigt, dass die Vereine nach 1800 oft aus den Logen, Lesegesellschaften oder Klubs heraus gegründet wurden. Von diesen übernahmen sie die Wahl der Mitglieder und Vorstände, das Verfassen von Statuten, die Einrichtung von Leseräumen und Bibliotheken und vieles andere mehr. Anders als es in der Forschungsliteratur oft behauptet wird, lösten die neuen Vereine die älteren Geselligkeitsformen keineswegs ab. Im Gegenteil, die Logen und geheimen Gesellschaften, Lesekabinette und Lesegesellschaften, aber auch die informellen geselligen Orte, wie die Cafés oder Zirkel, erlebten im 19. Jahrhundert ihre eigentlich große Zeit. Sie waren vielfältig verflochten mit den neuen Vereinen, gemeinsam bildeten sie eine Art geselliges Netzwerk der lokalen Gesellschaft, wovon noch ausführlich die Rede sein wird.

Die Vereine knüpften aber, was ebenfalls oft übersehen wird, vor allem auch in ihrem Selbstverständnis an die im 18. Jahrhundert entstandene gesellige Utopie eines Zusammenhangs von politischer Tugend und sozialem Austausch an. Gegen diese These sprechen vertraute Argumente der politischen Ideengeschichte. Vereinfacht gesagt herrscht die Auffassung vor, der ältere Klassische Republikanismus und *civic humanism* mit seiner Betonung der politischen Tugend sei in der frühen Neuzeit von Europa nach Amerika aus-

---

38 Mary P. Ryan, Cradle of the Middle Class. The Family in Oneida County, New York, 1790–1865, Cambridge, Mass. 1981, S. 105.

gewandert und spätestens gegen Ende des 18. Jahrhunderts auch dort abgelöst worden von einem liberalen Glauben an den Fortschritt und die Verfolgung von jeweils eigenen Interessen, die sich in einem politischen und wirtschaftlichen Gemeinwesen letztlich ausgleichen und diesem Stabilität verleihen. Klassischer Republikanismus, Aufklärung und Liberalismus wurden so in eine künstliche Opposition gebracht. Der Tugenddiskurs der aristotelischen Tradition wird aber mit der Aufklärung und im frühen Liberalismus nur *umgewandelt* zur Idee der Verbesserung des einzelnen, seiner inneren Verfasstheit, in der Geselligkeit der Bürger – auch und gerade aufgrund des Erfahrungsumbruchs und des Krisengefühls vor und nach den Revolutionen des späten 18. Jahrhunderts. »For Revolutionary Americans sensibility and sociability became modern surrogates for the classical virtue that theorists for millennia had thought necessary for sustaining a republican government«, wie Gordon Wood prägnant formuliert hat. »Some substitute for this ancient martial virtue had to be found, and many discovered it in what was increasingly perceived as the natural sociability, sentimentality, and politeness of people.«[39]

Wie vielfältig auch die Formen waren, welche die englischsprachige und die kontinentaleuropäische Aufklärung im 18. Jahrhundert annahm, sie verblieb hier wie dort im Deutungshorizont der aristotelischen Tradition, indem sie in der »ungeselligen Geselligkeit« des Menschen, seinem Hang, sich zu vereinzeln und seinem Drang, sich zu vergesellschaften, eine anthropologische Begründung bürgerlicher Gesellschaft suchte.[40] Im geselligen Austausch mit anderen sollten sich die Menschen daher jene Tugenden aneignen, die sie als Bürger eines politischen Gemeinwesens benötigten. Die Geselligkeit versprach, wie unzählige Male nicht nur von den Theoretikern, sondern auch von den weniger bekannten Praktikern der Bürgergesellschaft formuliert wurde, »mutual improvement, for increasing our knowledge, and mending our hearts«.[41] Auch klassischer Republikanismus und aufgeklärter Liberalismus, von der politischen Ideengeschichte unnötig scharf voneinander geschieden, verschmolzen historisch in dieser Auffassung von der natürlichen Sozialität des Menschen und seiner Fähigkeit, sich im Austausch mit anderen Tugend und Ge-

39 Gordon S. Wood, The American Love Boat (Rezension von: Andrew Burstein, Sentimental Democracy. The Evolution of America's Romantic Self-Image, New York 1999), in: New York Review of Books, 7. 10. 1999.

40 Immanuel Kant, Idee zu einer allgemeinen Geschichte in weltbürgerlicher Absicht (1784), in: ders., Werke, hg. v. Wilhelm Weischedel, Bd. 11, Frankfurt 1993, S. 33–50, 37 f.

41 Tristram Burges, Solitude and Society Contrasted, Providence 1797, S. 19, zit. n. Clark, British Clubs, S. 413.

meinsinn anzueignen, das eigene Selbst zu bilden und zu regieren. Sie richtete sich gegen den als »modern« und beherrschend wahrgenommenen Trend einer zunehmenden Verfolgung nur partikularer Interessen, der das politische Gemeinwesen moralisch korrumpiere.[42]

Beispiele für eine solche Verschmelzung von klassisch-republikanischen und aufgeklärt-liberalen Argumentationsfiguren lassen sich bezogen auf die geselligen Vereine für die Dekaden nach 1800 beliebig vermehren und zwar über die Grenzen der sich herausbildenden Nationalgesellschaften hinweg. Hierum ging es, wie in der Einleitung geschildert, Tocqueville; aber er stand damit keineswegs allein. Das zeigt das Beispiel seiner südwestdeutschen Zeitgenossen Carl von Rotteck und Carl Theodor Welcker und die Artikel »Association«, »Gemeinsinn« und »Bürgertugend« in dem von ihnen herausgegebenen »Staatslexikon«.[43] »Freie Associationen« gelten dort als »die Quelle aller höheren Menschlichkeit und Cultur« und werden anthropologisch im »Geselligkeitstrieb« und göttlich, in der Macht der Vorsehung gegründet. »Denn während andere Geschöpfe ihre Bedürfnisse befriedigen, sich schützen und ihre Bestimmung erreichen können, ohne verschiedenerlei gesellschaftliche Verbindungen, erhalten sich die Menschen erst durch die mannigfachsten, je nach Zeit, Ort und Verhältniß verschiedenen Verbindungen, durch wechselseitigen Austausch und Verein ihrer Einsichten, Erfahrungen und Kräfte, und in denselben ihre höhere Entwicklung und die nöthigen

---

42 So auch Kahan, Liberalism, S. 5 f.; und etwa Daniel Walker Howe, Making the American Self. Jonathan Edwards to Abraham Lincoln, Cambridge, Mass. 1997, S. 10 ff.; vgl. dagegen z.B. Joyce Appleby, Liberalism and Republicanism in the Historical Imagination, Cambridge, Mass. 1992; sowie John G.A. Pocock, The Machiavellian Moment. Florentine Political Thought and the Atlantic Republican Tradition, Princeton 1975; u. insbes. ders., Die andere Bürgergesellschaft. Zur Dialektik von Tugend und Korruption, Frankfurt 1993; als Überblick: Daniel T. Rodgers, Republicanism. The Career of a Concept, in: Journal of American History, Jg. 79, 1992, S. 1–38; ferner die Beiträge in: Jürgen Heideking u. James H. Henretta (Hg.), Republicanism and Liberalism in America and the German States, 1750–1850, Cambridge 2002. Zuletzt, die Bedeutung des Klassischen Republikanismus auch für Frankreich im 18. Jahrhundert hervorhebend: Keith Michael Baker, Transformations of Classical Republicanism in Eighteenth Century France, in: Journal of Modern History, Jg. 73, 2001, S. 32–53. Allerdings scheint schon allein das politische Denken Tocquevilles die These von Baker zu widerlegen, der Diskurs des Klassischen Republikanismus habe mit dem Terror der Französischen Revolution sein Ende gefunden.

43 Vgl. allg. hierzu Paul Nolte, Bürgerideal, Gemeinde und Republik. »Klassischer Republikanismus« im frühen deutschen Liberalismus, in: Historische Zeitschrift, Bd. 254, 1992, S. 609–656; sowie als Überblick: Dieter Langewiesche, Frühliberalismus und Bürgertum 1815–1849, in: Lothar Gall (Hg.), Bürgertum und bürgerlich-liberale Bewegung in Mitteleuropa seit dem 18. Jahrhundert, München 1997, S. 63–129.

Antriebe und Mittel zu allen reichen und großen Aufgaben ihrer Bestimmung.«[44]

Ähnlich wie Tocqueville gelten auch Rotteck und Welcker die Assoziationen als ein Weg, den Menschen aus seiner Selbstsucht und Vereinzelung herauszuführen. Folglich sehen auch sie den »Gemeingeist« oder »Gemeinsinn« als die »schönste Frucht des Associationsgeistes« an.[45] Nicht die Verfolgung der eigenen selbstsüchtigen Interessen, sondern die Selbstverleugnung und der Wille, diese Interessen dem Gemeinwohl unterzuordnen, werden als wahre Tugend beschrieben. Noch prägnanter formuliert es der Artikel zu »Bürgertugend« und »Bürgersinn«. »Alle politische Kunst und Verfassung«, heißt es dort, »alle Weisheit für eine gerechte und glückliche Bestimmung und Erhaltung der bürgerlichen Gemeinwesen, der bürgerlichen Verhältnisse und Rechte ist umsonst, ohne Bürgertugend, ohne das, was ihre beiden Hauptbestandteile sind: Bürgersinn und Bürgermuth. Sie bilden die gesunde Lebenskraft der bürgerlichen Vereine. Diese erkranken und ersterben ohne sie.«[46] Die Bürgertugend wird auf dieselbe Weise befördert wie die Tugend überhaupt »durch geistige und sittliche Entwicklung, Erziehung und Uebung; durch Aufklärung, Hervorbildung und Kräftigung der sittlichen Triebe und durch Unterordnung der selbstischen und unsittlichen unter die sittlichen.« Tugendübung und Assoziation gehören in der bürgerlichen Gesellschaft zusammmen; dagegen führe – und hierin unterscheiden sich die beiden badischen Liberalen von dem Aristokraten Tocqueville – der Absolutismus zu einer sittlichen Erkrankung der Bürger: ihre Tugend werde krank und faul. »Die Vorherrschaft von Selbstsucht und Sinnlichkeit, Feigheit und Feilheit der Mehrzahl der Bürger und vollends der Beamten war noch immer und überall die verderbliche Folge des Despotismus.«[47]

Moral improvement und Bildung, *obrazovanie* und *émulation* waren die nationalsprachlichen Äquivalente für den von den geselligen Vereinen erhobenen politisch-moralischen Anspruch. Die Verbesserung des Selbst in der geselligen Verbindung mit anderen sollte Bürgersinn und, darüber hinweggreifend, Weltbürgersinn und allgemein Humanität bezeugen und bekräftigen. Oft war dieser Anspruch christlich eingefärbt. Nicht nur für Tocqueville ent-

---

44 Carl Theodor Welcker, Association, Verein, Gesellschaft, Volksversammlung, in: Carl von Rotteck und Carl Theodor Welcker (Hg.), Das Staatslexikon. Encyklopädie der sämtlichen Staatswissenschaften für alle Stände, 15 Bde., Altona 1835, Bd. 2, S. 21–53, 21, 23.

45 Carl von Rotteck, Gemeingeist oder Gemeinsinn, in: Rotteck u. Welcker (Hg.), Staatslexikon, Bd. 6, Altona 1838, S. 448.

46 Carl Theodor Welcker, Bürgertugend und Bürgersinn, in: Rotteck u. Welcker (Hg.), Staatslexikon, 1. Suppl. Bd., Altona 1846, S. 748–58, 748.

47 Ebd., S. 749f.

hielt der Zusammenhang von Assoziation, Gemeinsinn und Tugend seinen tieferen Sinn vor dem Hintergrund einer christlichen Brüderlichkeitsethik.[48] Nur wer im Verein sich selbst, seine Gedanken und Gefühle regieren lerne, könne auch andere regieren. Im geselligen Verein sollte an der individuellen Tugend wie am Gemeinwohl gearbeitet werden, beides vereint im harmonischen Ideal der »klassenlosen Bürgergesellschaft« (Lothar Gall), welches so typisch für den Liberalismus jener Zeit war.[49] Nicht nur die amerikanischen, sondern auch die französischen oder deutschen Bürger des frühen 19. Jahrhunderts verstanden Interessen als unaufhebbar partikular und zerstörerisch. Nur wer von seinen eigenen Interessen absehen könne, öffne sich, seine »Seele«, im Verein mit anderen und sichere so den Zusammenhalt der Gesellschaft der Bürger.[50]

Die geselligen Vereine, zu jener Zeit sozial exklusiv meist nur gebildeten und besitzenden Männern offenstehend, sollten ein Gegengewicht zu den Konflikten in Beruf, Familie und Politik bilden.[51] Sie dienten sicherlich auch dem Amüsement, ja, verschafften diesem einen sozial respektablen Rahmen. In den sozialen Räumen der Vereine erfuhr sich die gesellige Gesellschaft als Gesellschaft, wurden zivile Werte und Tugenden eingeübt und anschließend öffentlich gezeigt. Gewiss erfüllten die Vereine auch unmittelbare soziale oder politische Zwecke, sie verwischten alte Grenzen nach oben und zogen neue Grenzen nach unten. Dennoch kann festgehalten werden, dass ein Grund für die Vereinsseligkeit der Bürger des 19. Jahrhunderts in jenem politisch-moralischen Verständnis der Probleme einer sich rapide wandelnden Gesellschaft liegt, das Tocqueville so eindringlich formuliert hat und das vielfältig mit Ideen und Praktiken der geselligen Utopie der Aufklärungszeit verknüpft ist.

Sozial gesehen besteht der wichtigste Unterschied der »geselligen Gesellschaft« des frühen 19. Jahrhunderts in England, den Vereinigten Staaten, Frankreich oder »Deutschland« zur Aufklärungszeit darin, dass sich in ihnen nun vor allem die bürgerlichen Mittelklassen versammeln. So sind die geselligen Vereine als ein Weg beschrieben worden, auf dem die englischen Mittel-

48 Vgl. Hennis, Tocqueville, S. 396; Kloppenberg, Life Everlasting, S. 30.

49 Lothar Gall, Liberalismus und »bürgerliche Gesellschaft«. Zu Charakter und Entwicklung der liberalen Bewegung in Deutschland, in: ders. (Hg.), Liberalismus, Köln 1976, S. 162–86.

50 William Reddy, The Invisible Code. Honor and Sentiment in Postrevolutionary France, 1814–1848, Berkeley 1997, S. xi; ähnlich Harrison, Bourgeois Citizen, S. 38; Gisela Mettele, Bürgertum in Köln 1775–1870. Gemeinsinn und freie Assoziation, München 1998, S. 341.

51 Anne Vincent-Buffault, L'Exercice de l'amitié: pour une histoire des pratiques amicales aux XVIIIe et XIXe siècles, Paris 1995, S. 217.

klassen die tiefgreifenden sozialen, politischen und ökonomischen Krisen in
den Dekaden nach 1800 versuchten zu meistern und zugleich kulturelle Hegemonie auszuüben. Weder die *gentry* (oder die Aristokratie) noch die Arbeiterschaft hatten in signifikantem Maße an diesen geselligen Vereinigungen teil.
»They were a massive act of collective cultural assertion as the middling classes projected themselves upon the Catholic French, their own lower order,
upon India and later on Africa and the West Indies.«[52] Die geselligen Bürger
sahen sich als eine Elite aus Besitz und Bildung, die für die Wohlfahrt und
soziale Disziplinierung jener sorgen wollten, die sie als weniger respektabel,
ja als potentiell gefährlich ansahen. Unter dem Eindruck der einsetzenden Industrialisierung erfüllten die Vereine in England zugleich auch die Aufgabe, in
den sozialen und wirtschaftlichen Umbrüchen die Mittelklassen kulturell und
damit auch politisch zu einen.[53] Die enge Verknüpfung der geselligen Vereine
mit dem Aufstieg der Mittelklassen ist aber auch für England angezweifelt
worden. Gewiss lassen sich solche Verknüpfungen für industrielle Zentren
wie Leeds nachweisen. In anderen Städten der Provinz dienten die Vereine aber
weit häufiger dazu, alte und neue Eliten sozial zusammenzuführen.[54] Gerade
hierin lag ein Grund für ihre Popularität. Die Geselligkeit vereinte Anglikaner
und Dissenter, Whigs und Tories, Kaufleute und Gentlemen, »promoting
›unanimity and harmony‹ instead of conflict«.[55]

Seit den zwanziger Jahren erlebten insbesondere Vereine zur sozialmora-
lischen Reform der Gesellschaft, zumeist protestantisch gefärbt, einen großen
Aufschwung. Hieraus erwuchs eine neue Fülle von Vereinstypen und -zwe-
cken. In Leeds gab es in den dreißiger und vierziger Jahren bereits ein weites
Spektrum unterschiedlichster Vereine, die in den Bereichen Wohltätigkeit, Kultur, Bildung, Ökonomie, religiöse und soziale Reform tätig waren. »I might
dwell upon many institutions and associations«, schreibt Edward Baines
1843, »for the diffusion of knowledge, and for the dispensing of every kind of

52 R.J. Morris, Clubs, Societies and Associations, in: F.M.L. Thompson (Hg.), The
Cambridge Social History of Britain, 1750–1950, Bd. 3, Cambridge 1990, S. 403–443, 409;
sowie ders., Voluntary Societies and British Urban Elites, 1780–1850, in: Historical Journal,
Jg. 26, 1983, 95–119; ders., Class, Sect, and Party. The Making of the British Middle Class.
Leeds, 1820–1850, Manchester 1990; Leonore Davidoff u. Catherine Hall, Family Fortunes.
Men and Women of the English Middle Class, 1750–1850, London 1987, Kap. 10: ›Impro-
ving Times‹. Men, Women, and the Public Sphere.

53 Morris, Urban Elites, S. 116.

54 Clark, British Clubs, S. 444 ff.

55 John Brewer, Commercialization and Politics, in: Neil McKendrick u.a. (Hg.), The
Birth of a Consumer Society, London 1983, S. 219, zit. n. Davidoff u. Hall, Family Fortunes, S. 419.

good, which have arisen within the present or last generation and which have flourished most in the manufacturing towns and villages – such as mechanics institutes, literary societies, circulating libraries, youth's guardian societies, friendly societies, temperance societies, medical charities, clothing societies, benevolent and district visiting societies – forty nine fiftieth of which are of quite recent origin.«[56] Kaum eine Aktivität der lokalen Gesellschaften Englands blieb von den geselligen Vereinen unberührt.

England galt seit dem frühen 18. Jahrhundert als das Eldorado der Vereine und Klubs. Im frühen 19. Jahrhundert erstaunte die Zeitgenossen aber weit mehr die Vereinsseligkeit der amerikanischen Bürger: »men and women came together to form hundreds and thousands of new voluntary associations expressive of a wide array of benevolent goals – mechanics' societies, humane societies, societies for the prevention of pauperism, orphans' asylums, missionary societies, marine societies, tract societies, Bible societies, temperance associations, Sabbatarian groups, peace societies, societies for the suppression of vice and immorality, societies for the relief of poor widows, societies for the promotion of industry, indeed societies for just about everything that was good and humanitarian«.[57] In Massachusetts und Maine wurden in den 1820er Jahren siebzig neue Vereine jährlich gegründet; in Jacksonville, Illinois, gehörte zwischen 1825 bis 1870 ungefähr ein Drittel der Einwohner einem Verein an, obgleich die Bevölkerung ständig in Bewegung war und nur ein Achtel der Erwachsenen ihr gesamtes Leben in der Stadt blieben.[58] In einer Kleinstadt wie Utica (im Staat New York) mit annähernd 15 000 Einwohnern verzeichnete das Adressbuch 1828 nicht weniger als 21 religiöse und wohltätige Vereine, drei Reformvereine, fünf Hilfsvereine, sechs geheime Gesellschaften und sechs Bildungsvereine.[59] Die geselligen Vereine nahmen in den Adressbüchern mehr Raum ein als öffentliche Institutionen oder Büros. Vier Jahre später hatten sich

56 Zit. n. Morris, Urban Elites, S. 95.

57 Gordon S. Wood, The Radicalism of the American Revolution, New York 1991, S. 328.

58 Brown, Urban Society, S. 38; Don Harrison Doyle, The Social Function of Voluntary Associations in a Nineteenth-Century American Town, in: Social Science History, Jg. 1, 1977, S. 333–355, 334.

59 Ryan, Cradle of the Middle Class, S. 106; ferner: dies., Civic Wars. Democracy and Public Life in the American City During the Nineteenth-Century, Berkeley 1997, 58–93; dies., Civil Society as Democratic Practice. North American Cities during the Nineteenth Century, in: Journal of Interdisciplinary History, Jg. 29, 1999, 559–584; Stuart M. Blumin, The Emergence of the Middle Class. Social Experience in the American City, 1760–1900, Cambridge 1989, S. 192–229; John S. Gilkeson Jr., A City of Joiners. Voluntary Associations and the Formation of the Middle Class in Providence, 1830–1920, Diss. Brown University 1981; ders., Middle-Class Providence, 1820–1940, Princeton 1986.

diese Zahlen weiter erhöht; sie begannen erst Mitte der vierziger Jahre wieder zu sinken. Oft standen religiös-moralische und sozial-reformerische Motive hinter den Vereinsgründungen, sie galten der Abschaffung der Prostitution, des Alkohols, der Armut und sozialer Verwahrlosung, der Sklaverei und vielem anderen mehr. Sie beanspruchten »carefully to avoid any course of conduct which shall give countenance to one particular religion or political sect of men in preference to another«, wie es in einer Temperance Society heißt, und ähnelten damit der geselligen Utopie des 18. Jahrhunderts.[60]

Daneben gab es auch weiterhin die Lese- und Musikvereine, die geheimen Gesellschaften, Bürgerwehren und exklusiveren Klubs. Auch sie folgten zumindest dem Anspruch nach einer sozial übergreifenden Geselligkeit zur moralischen Verbesserung. In einem Essay über den sozialen Einfluss des »Odd Fellowships« aus dem Jahr 1848 wurden die Welt des Berufs und der Familie von der Welt des Vereins scharf geschieden. »Here place around him men in every circumstance of life, and of every creed and profession, and before him a worthy object to enlist his feelings, and then you will have evoked the true man, and may study him at your leisure. Does he no enter into the feelings and interests of those around him? Does he act here, where all eyes except a few are shut out from him, with interest and energy? Has he forgotten the caste which the world has arbitrarily assigned to the men around him? Does he look at them with a fellow feeling, and honor them as men, not as rich or poor, but men who are acting on the same broad bases as himself, and whose hearts beat responsive to the same calls as his own?«[61]

Die Vorstellung sozialer Harmonie hinter einer solchen klassenlosen Verbrüderung widersprach oft dem exklusiven Anstrich vieler dieser Vereine und Gesellschaften. Sucht man freilich, auch transnational vergleichend, nach Ursachen für den Aufschwung der Vereine seit den 1820er Jahren, ist der Glaube der Zeitgenossen an das Ideal einer »klassenlosen Bürgergesellschaft«, die sich in der Geselligkeit konstituiere, um den vermeintlichen sozialen und moralischen Gefahren der entstehenden Klassengesellschaften zu begegnen, ein wichtiges Motiv.

Ähnlich, und das mag auf den ersten Blick überraschen, war es auch in Frankreich und den deutschen Staaten.[62] Nicht nur die amerikanische, auch

---

60 Ryan, Cradle of the Middle Class, S. 133.

61 Zit. n. Blumin, Social Experience, S. 229.

62 Die für lange Zeit gültige Auffassung lässt sich so zusammenfassen: »Germany, like France, lacked a tradition of voluntary association in her political, religious, and to an extent her economic life …«. Georg G. Iggers, The Political Theory of Voluntary Associations in Early Nineteenth-Century German Liberal Thought, in: D.B. Robertson (Hg.), Voluntary Associations, Richmond 1966, S. 141–158, 143.

die französische und deutsche lokale Bürgergesellschaft organisierte sich zwischen den zwanziger und vierziger Jahren in einem eng geknüpften Netz geselliger Vereine. Überraschend ist dieser Befund insbesondere für Frankreich deshalb, weil die Forschung lange Zeit der Sichtweise Tocquevilles folgte, der postrevolutionäre Staat habe die geselligen Vereine unterdrückt. Für fast ein Jahrhundert galt in Frankreich das im Napoleonischen Code von 1810 festgelegte Vereinsrecht, das die Freiheiten der geselligen Vereine beschnitt und sie der staatlichen Kontrolle unterwarf, sobald sie mehr als zwanzig Mitglieder zählten. Folglich konzentrierte sich die Forschung mehr auf die informelle Geselligkeit und die Familie.

Wendet man den Blick von Paris als dem Zentrum des Landes zu den lokalen Gesellschaften in der Provinz, lässt sich aber die Bedeutung geselliger Vereine für die französische Gesellschaft der zwanziger und dreißiger Jahre erkennen. In Kleinstädten wie etwa Lons le Saunier, Besançon und Mulhouse, die an die Schweiz und den deutschen Südwesten grenzen, erfüllten die unpolitischen geselligen Vereine und Zirkel (»man sollte ›besseren‹ angehören«, meinte Flaubert in seinem satirischen »dictionnaire des idées reçues«) ähnliche soziale Aufgaben wie jenseits der Grenze.[63] Wie andernorts auch, waren die bürgerlichen Vereine egalitär nach innen und elitär nach außen. Bürgerliche Männer sprachen in einem Schützen-Verein, einer gelehrten Gesellschaft (*savants*) oder einer Loge von Tugend, Egalität und sozialer Harmonie, beherrschten aber außerhalb in der Gesellschaft die Regeln der Distinktion. »This combination was the means by which bourgeois society reconciled the revolutionary legacy of civic equality with the desire for social order fixed in hierarchy. Emulation made it possible for bourgeois Frenchmen to imagine a meritocratic society in midst of the emerging industrial economy. Citizens remained equal, but not all men could achieve full citizenship: the public sphere of active male citizens remained closed to the undeserving. Civic-spirited bourgeois men justified this exclusion by claiming to represent the best interests of the entire community, including those men who had not proved capable of representing themselves.«[64]

Von einem ähnlichen sozialen Mechanismus zeugen die bürgerlichen Vereine in Deutschland. Auch hier galt der Verein als Remedur der Klassengesellschaft. Es sei eine auffallende Erscheinung, meinte etwa der Präsident des kölnischen Kunstvereins, Eberhard von Groote, im Jahr 1846, »daß in einer Zeit, der man so gern den Despotismus des Geldes, den Egoismus, die Genußsucht und die Anhäufung des Reichthums in der Hand des Einzelnen, neben

---

63 Gustave Flaubert, Wörterbuch der Gemeinplätze, Zürich 1987, S. 76.
64 Harrison, Bourgeois Citizen, S. 224.

großer Zunahme der Klasse der Proletarier und der Vermehrung des Pauperismus vorwirft, ohne Zuthun der Staatsverwaltung, recht eigentlich aus dem Bedürfnisse [...] des Volkes heraus Assoziationen, Vereine, Verbrüderungen hervorgehen, in welchen nicht nur der Stand, noch der Reichtum, noch irgend eine besondere Mission, sondern nur die Tüchtigkeit, die Fähigkeit und das Bestreben, der Gemeinschaft nützlich zu werden, Geltung finden und wo so, unter wechselseitiger Anerkennung und Beobachtung von Rechten und Pflichten in der nämlichen Weise wieder Großes, ja Außerordentliches geleistet wird«.[65] Auf einem südwestdeutschen Sängerfest im Jahr 1841 heißt es ganz ähnlich: »Mag auch die Scheidung der Stände, mögen die verschiedenen Berufsarten eine notwendige Bedingung zum Bestehen und zur Förderung des materiellen Wohls sein, so verschmilzt dafür im Gesang diese Ungleichheit zur harmonischen Einheit: der Hohe wie der Niedrige, der Gelehrte wie der Ungelehrte, der Reiche wie der Arme können gleich gut, gleich erhebend und lieblich im Liede zusammenstimmen; der Bruder spricht hier zum Bruder, der Freunde zum Freund, der Mensch zum Menschen.«[66]

Ein solches Ideal entsprach freilich auch in den deutschen städtischen Gesellschaften nicht der Realität. Zu diesem Ergebnis kommen unter anderem auch neuere Studien zum Vereinswesen von vierzehn deutschen Städten im Vormärz.[67] Obgleich die Leithypothese dieses Forschungsprojekts lautete, dass sich seit den zwanziger Jahren vor allem in dem sozialen Netzwerk der geselligen Vereine eine Art »klassenlose Bürgergesellschaft« (Lothar Gall) konstituiert habe, weisen die empirischen Befunde nach, dass es sich hierbei ein gutes Stück weit um Ideologie handelt. Das soziale Charakteristikum der geselligen Vereine jener Zeit liegt, auch in vergleichender Perspektive, in ihrer nahezu obsessiven Leidenschaft für soziale Exklusivität. Ungeachtet ihrer geläufigsten Namen wie »Harmonie«, »Eintracht« oder »Ressource« waren die geselligen Vereine ein Ort sozialer und politischer Grenzziehungen und Konflikte. Je älter ein Verein war, desto exklusiver konnte er sich in der Regel geben. Ein Ausschluss aus einem exklusiven Verein kam einem sozialen Scherbengericht nahe und konnte die politische und berufliche Existenz ruinieren. Durch die verdeckte Ballotage, bei der sich mindestens eine Zweitdrittelmehrheit ergeben musste, aber auch allein schon durch hohe Mitgliedsbei-

---

65 Mettele, Bürgertum in Köln, S. 167.

66 Dieter Langewiesche, Die schwäbische Sängerbewegung in der Gesellschaft des 19. Jahrhunderts – ein Beitrag zur kulturellen Nationsbildung, in: Zs. f. württembergische Landesgeschichte, Jg. 59, 1993, S. 257–301, 268.

67 Vgl. zusammenfassend Dieter Hein, Soziale Konstituierungsfaktoren des Bürgertums, in: Gall (Hg.), Stadt und Bürgertum im Übergang, S. 151–81.

träge wurde die gesellschaftliche Exklusivität der meisten geselligen Vereine im Vormärz gewahrt. Das Aufnahmeverfahren war zumeist kompliziert, oft fand eine Vorauswahl durch den Vorstand statt, Erkundigungen wurden eingezogen, Bürgschaften gefordert. Die Mitgliedszahl überstieg selten 400 oder 500, viele Vereine legten sich auf eine Zahl fest und nahmen nur neue Mitglieder auf, wenn alte ausschieden. Den Weg in einen exklusiven Verein ebnete oft ein Geschäftsfreund oder der eigene Schwiegervater. Kommerz und Konnubium bildeten den sozialen Kitt, der einen Verein zusammenhielt. Reichten die Beiträge zur Finanzierung eines repräsentativen Vereinshauses nicht aus, offerierten die Vereine ihren Mitgliedern Aktien zur Subskription.[68]

Die große Mehrheit der Mitglieder der geselligen Vereine kam aus dem gehobenen Bürgertum von Besitz und Bildung. Selbständige Handwerksmeister bildeten den untersten Rand sozialer Respektabilität in den bürgerlichen Vereinen und nahmen nur in einem weit geringerem Maße teil. Insbesondere für junge Handwerker boten die patriotischen Gesangs- und Turnvereine eine Alternative, die sich in den dreißiger und vierziger Jahren eines enormen Mitgliederzuwachses erfreuen konnten. An ihrer Spitze standen aber wiederum zumeist Angehörige der städtischen Oberschicht. Anders als die weniger wohlhabenden und einflussreichen Bürger einer Stadt, deren Aktivität sich zumeist auf einen oder zwei Vereine beschränkte, gehörten einzelne Bankiers, Kaufleute und Fabrikbesitzer, zumal mit politischen Ambitionen, oft gleich mehreren Vereinen an.[69]

Zu den auffälligsten exklusiven Grundzügen der europäischen Vereine jener Zeit gehört der Ausschluss von Frauen. Die lokale Bürgergesellschaft der geselligen Vereine war weitestgehend eine männliche Veranstaltung; die Vereine und Klubs konstituierten einen eigenen sozialen Raum nicht nur jenseits von Staat und Kirche, sondern auch von der Familie. Die sozialen Praktiken bürgerlichen Engagements standen in Übereinstimmung mit der Sphäre der Öffentlichkeit und Politik, aber im scharfen Kontrast zur häuslichen Sphäre, die im bürgerlichen Selbstverständnis zunehmend als Raum der Aktivitäten von Frauen angesehen wurde. Seit der klassischen Studie von Leonore Davidoff und Catherine Hall zu Frauen und Männern der englischen Mittelklassen gilt der gesellige Verein als ein Medium der Trennung von Öffentlichkeit und Privatheit, männlichen und weiblichen Räumen und sozialen Erfahrun-

---

68 Vgl. z. B. Michael Sobania, Vereinsleben. Regeln und Formen bürgerlicher Assoziationen im 19. Jahrhundert, in: Dieter Hein u. Andreas Schulz (Hg.), Bürgerkultur im 19. Jahrhundert. Bildung, Kunst und Lebenswelt, München 1996, S. 170–190.

69 Hein, Konstituierungsfaktoren, S. 172.

gen.[70] »It was the very absence of constraining femininity which made the club so attractive to the married man. The kind of conviviality it offered was a release from the burden of keeping up domestic appearances. [...] The club's rationale was an alternative to home life, where an ethos of fraternalism replaced the ties of family.«[71]

Allerdings darf man sich diese Trennung nicht zu schematisch vorstellen. Mary P. Ryan und Rebekka Habermas haben gezeigt, dass Verein und Familie sich im frühen 19. Jahrhundert mehr ergänzten, als dass sie in Konkurrenz zueinander standen.[72] Die Grenzen zwischen häuslicher und öffentlicher Geselligkeit waren oft fließend, wie nicht nur das Beispiel der Salons zeigt, die Geselligkeit selber ein Ort, an dem über die Geschlechterordnung immer wieder neu verhandelt wurde. Frauen waren vielfältig mit dem geselligen Leben der Vereine verknüpft, z.B. auf Festen, wenn auch in untergeordnetem Rang. Manche häusliche Geselligkeitsform wie die Salons wandelte sich zu einem Verein, etwa einem patriotischen Gesangs- oder Wohltätigkeitsverein. Gleichwohl lässt sich auch mit Blick auf die Mitte des 18. Jahrhunderts sagen, dass ein Jahrhundert später die Assoziationen die Teilhabe von Frauen an der lokalen Geselligkeit, und damit auch am sozialen und politischen Leben, mehr beschränkten als förderten. Die bekannten Ausnahmen der Wohltätigkeit und der religiös-moralischen Reform mit ihren spezifisch »weiblichen« Aufgaben und Tugendideen verstärken diesen Eindruck eher noch.

Religion und Konfession konnten freilich ebenfalls als Gründe für sozialen Ausschluss aus den geselligen Vereinen dienen. Vom schwierigen Verhältnis der geselligen Gesellschaft zum politischen Katholizismus im gesamten 19. Jahrhundert ist noch zu sprechen. Ein anderes Beispiel ist der Umgang mit religiösen Minderheiten. Gehörte der überkonfessionelle Anspruch im 18. Jahrhundert zur geselligen Utopie und ein Stück weit auch zur sozialen Praxis, traten immer öfter auch die Grenzen dieses Anspruchs zutage. So gründeten deutsche, aber auch französische Juden in den zwanziger und dreißiger Jahren eigene gesellige Vereine, da ihnen die Teilhabe an den exklusiven lokalen Geselligkeitskreisen oftmals verwehrt wurde. »If German Jews could not enter bourgeois German society – if they could not achieve satisfactory, let alone total, social integration – they could create parallel institutions, gaining mem-

70 Davidoff u. Hall, Family Fortunes; vgl. z.B. auch für Frankreich Harrison, Bourgeois Citizen; für Deutschland Mettele, Bürgertum in Köln.

71 John Tosh, A Man's Place. Masculinity and the Middle-Class Home in Victorian England, New Haven 1999, S. 129.

72 Ryan, Cradle of the Middle Class, S. 106; Rebekka Habermas, Frauen und Männer des Bürgertums. Eine Familiengeschichte 1750–1850, Göttingen 1999, S. 145.

bership in the larger society in the sense that theirs closely resembled it. By utilizing the ideology of emancipation they could achieve an acculturation which made them similar – bourgeois and *gebildet* – even while remaining separate.«[73] Gewiss erwuchs das jüdische Vereinswesen in Kontinentaleuropa auch aus dem Wunsch nach eigenen, konfessionell gebundenen Geselligkeitskreisen. Oft ging aber der Ausschluss aus den elitären Vereinen der lokalen Gesellschaft der Gründung von jüdischen Casinos, *cercles* oder *clubs* voraus.

Welche Minderheit vom »respektablen« bürgerlichen Vereinsleben einer Gesellschaft wie strikt ausgeschlossen blieb, variierte oft nach dem politischsozialen Kontext. Kaum eine Grenze aber wurde schärfer gezogen als die der weißen amerikanischen Mittelklassen und ihrer geselligen Vereine gegenüber den Afroamerikanern, gerade gegenüber den freien und »respektablen« unter ihnen, die entsprechend frühzeitig eigene Assoziationen und geheime Gesellschaften gründeten. »No respectability«, schrieb ein englischer Besucher Philadelphias im Jahr 1818, »however unquestionable, – no property, however large, – no character, however unblemished, – will gain a man, whose body is (in American estimation) cursed with even a twentieth portion of the blood of his African ancestry, admission into Society«.[74] Entsprechend suchten die Afroamerikaner in Philadelphia wie andernorts in Nordamerika mit ihren geselligen Vereinen die der weißen Mittelklassen an Respektabilität und Bürgertugend noch zu übertreffen. Allein in Philadelphia existierten im frühen 19. Jahrhundert drei »Prince Hall«-Logen, denen fast die gesamte gehobene Schicht der »schwarzen« männlichen Einwohner der Stadt angehörte; aus ihnen heraus entstanden neue Vereine für Afroamerikaner wie die »Society for the Suppression of Vice and Immorality« und einige Lese- und Musikvereine. Gemeinsam zeigten sie sich an patriotischen Festtagen wie dem Geburtstag George Washingtons auf Paraden der »weißen« städtischen Gesellschaft.

Bei den geselligen Vereinen handelte es sich, wie gezeigt, um ein transnationales Phänomen. Die meisten dieser Vereine waren freilich lokal, nur wenige schon, wie die Freimaurerlogen des 18. Jahrhunderts, national oder übernational verfasst. Über den Horizont der lokalen Bürgergesellschaft hinaus gingen einzelne Vereine für politisch-humanitäre Zwecke, etwa zur Abschaffung der Sklaverei. Mit etwas Mut zum Anachronismus könnte man in ihnen

---

73 David Sorkin, The Transformation of German Jewry, 1780–1840, New York 1987, S. 116; ähnlich argumentiert am Beispiel von Mulhouse Harrison, Bourgeois Citizen, S. 118–121.

74 Gary B. Nash, Forging Freedom. The Formation of Philadelphia's Black Community 1720–1840, Cambridge, Mass. 1988, S. 226.

die Vorläufer der heutigen global vernetzten NGOs (*Nongovernmental organizations*) erkennen. Das bekannteste Beispiel einer über den lokalen Rahmen hinausgehenden Vereinsbewegung war der Philhellenismus, die Unterstützung für den Freiheitskampf der Griechen gegen das Osmanische Reich in den zwanziger Jahren des 19. Jahrhunderts. Ein Bostoner Spendenaufruf aus dem Jahr 1823 umschrieb diesen gemeinsamen Diskursraum: »In Odessa and in Trieste, in St. Petersburgh, in all considerable towns of Germany, in Holland, France and Switzerland, and in England, societies have been formed for the relief of this appalling amount of human misery«.[75] Die philhellenische Vereinsbewegung ist gemäß den unterschiedlichen Traditionen der nationalen Historiographien unterschiedlich interpretiert worden. »Die Spannweite der Auslegungen reicht von der Bezeichnung der englischen philhellenischen Bewegung als einer innenpolitisch motivierten Reformbewegung bis hin zur Einordnung der amerikanischen und französischen Bewegung als harmlose – also unpolitische – Wohltätigkeitsveranstaltungen. Zwischen diesen beiden Beurteilungen steht das Verständnis der deutschen Griechenvereine als Vehikel zur Bekämpfung der politischen Unterdrückung und der schweizerischen als Mittel zur Unterstützung der eigenen Nationsbildung.«[76] So konnte der falsche Eindruck entstehen, die Historiker hätten sich mit ganz verschiedenen, in keinem Zusammenhang stehenden Bewegungen beschäftigt.

Der transnational vergleichende Blick stellt auch andere Gewissheiten nationaler Historiographien in Frage. Zweifellos waren die geselligen Vereine im frühen 19. Jahrhundert in Westeuropa vornehmlich ein Vergnügen der gebildeten und besitzenden Mittelklassen. Gleichwohl lässt sich die Idee und soziale Praxis der Geselligkeit nicht nur mit einer Klasse verknüpfen. Es gab eigene populäre wie auch aristokratische gesellige Traditionen, die im frühen 19. Jahrhundert fortlebten und mit der Vereinsidee verschmolzen. Wenn man sich von der sozialgeschichtlichen Vorstellung eines engen Zusammenhangs von aufsteigendem Bürgertum als Klasse und Liberalismus als dessen Emanzipationsideologie löst, wird erkennbar, wie auch in Gesellschaften ohne eine starke »Bourgeoisie« liberale Ideen und Praktiken (nicht zuletzt die Idee einer moralischen Verbesserung in der Geselligkeit mit anderen) etwa in adligen und gebildeten Kreisen zirkulierten.[77]

75 Boston-Committee for the Relief of the Greeks, Address of the Committee Appointed at a Public Meeting Held in Boston, December 19, 1823, for the Relief of the Greeks to their Fellow Citizens, zit. n. Natalie Klein, L'humanité, le christianisme, et la liberté. Die internationale philhellenische Vereinsbewegung der 1820er Jahre, Mainz 2000, S. 1.

76 Klein, L'humanité, S. 4.

77 Ähnlich argumentieren z. B. Robert Nemes, Associations and Civil Society in Reform-Era Hungary, in: Austrian History Yearbook, Bd., 32, 2001, S. 25–45; Trentmann, In-

So kam es, wenngleich zeitlich verzögert, auch in der Habsburgermonarchie seit den dreißiger Jahren zur Herausbildung eines eigenen Assoziationswesens, vor allem von Lesegesellschaften, Casinos und Wohltätigkeitsvereinen. Liberale Ideen wurden nach Ungarn von reformfreudigen Adligen von ihren Reisen nach Frankreich, England und Deutschland mitgebracht. Die Erfahrungen im Ausland als auch die Lektüre liberaler Werke ließ diese Adligen, viele von ihnen Magnaten, an die Notwendigkeit einer politisch-moralischen Aufklärung und Erziehung der ungarischen Bevölkerung glauben. Der ungarische Liberale Graf Istvan Széchenyi suchte, angeregt durch Reisen nach England, 1825/27 eigenständige Klubs zu gründen, was ihm zunächst in Preßburg (Bratislava/Pozsonyi) und Pest auch gelang. Sie dienten, wie ihre englischen, französischen und deutschen Pendants, der Unterhaltung und dem geselligen Austausch, insbesondere aber der Bildung durch die Lektüre der ausländischen Presse. Hieraus entstand eine vereinsförmige liberale Reformbewegung in Ungarn; in wenigen Jahren gründeten sich in allen wichtigen Provinzstädten Klubs und Kasinos. 1833 war die Existenz von 29 Kasinos und Lesegesellschaften bekannt, deren Zahl sich bis 1848 auf 210 mit mehr als zehntausend Mitgliedern erhöht hatte. Im Jahr 1848 gab es schätzungsweise fünfhundert Assoziationen in Ungarn, achtzig davon allein in Pest und Buda. Die lokale Presse zeigte sich erstaunt über diese Vereinsmanie und forderte amüsiert die Gründung eines Vereins gegen die Vermehrung des Vereinswesens.[78]

Auffallend ist, dass die ungarischen Provinzvereine weniger exklusiv waren: nicht nur der Adel und die Magnaten, sondern auch Handwerker und Gewerbetreibende sowie in einigen wenigen Fällen erstmals auch Juden und Frauen konnten teilnehmen. Die älteren, adligen Kasinos (*úri kazinó*) bewahrten zwar ihren exklusiven Charakter, oft bildeten sich aber neue, bürgerliche Kasinos (*polgári kazinó*) in der selben Stadt. Es waren aber die adligen Kasinos und Gesellschaften in der Provinz und nicht die bürgerlichen Vereine, die sich für eine politische Liberalisierung einsetzten und auch als erste Juden aufnahmen. In einer Kleinstadt wie Arad erkannten die Bürger den jüdischen Einwohnern nicht das Bürgerrecht (*incolat*), d.h. das permanente Bleiberecht zu und sprachen sich gegen ihre Teilnahme an der Geselligkeit aus, während im vom Adel dominierten Leseverein zwei Juden zum Vereinsvorstand gehörten.[79]

troduction, S. 3; für Russland Bradley, Subjects into Citizens, S. 1101; sowie polnische Historiker wie Maciej Janowski, Polish Liberal Thought up to 1918, Budapest 2002, u. Jedlinski, Suburb of Europe.

78 Nemes, Associations and Civil Society, S. 29.

79 Michael K. Silber, The Entrance of Jews into Hungarian Society in Vormärz. The Case of ›Casinos‹, in: Jonathan Franke u. Steven J. Zipperstein (Hg.), Assimilation and Community. The Jews in Nineteenth Century Europe, Cambridge 1992, S. 284–323, 299.

Aus den Kasinos heraus erfolgte auch die Gründung neuer Vereine, z. B. in Szeged ein Musikverein, eine Musikschule, ein Wirtschaftsverein, ein Fabrikschutzverein sowie ein Frauenverein.[80] Die politische Repression durch das Metternich-Regime und die restriktive Vereinsgesetzgebung konnte nicht verhindern, dass sich so aus der Gesellschaft heraus ein geselliges Leben entwickelte, das politisch in Richtung einer Liberalisierung des Staates wirkte. So konnte der ungarische liberale Reformer Móric Lukács im Jahr 1847 erklären: »Wenn überhaupt irgendwo auf der Welt, dann ist das Recht auf freie Assoziation in Ungarn wichtig und unverzichtbar, und ihr sorgsamer Schutz eine der bedeutendsten Aufgaben der Opposition. Wenn man sich unsere Lage betrachtet, sehen wir einen Fortschritt in irgendeinem Bereich des öffentlichen Lebens, der nicht dem Vereinsleben entspringt? Können wir nicht direkt oder indirekt das Verschwinden der Vorurteile und Feindschaften zwischen den Klassen, die Entwicklung der Wissenschaft, das Erwachen des künstlerischen Geschmacks, die wohltätige Sorge um die heilige Aufgabe der Bildung, die Verbreitung der rationalen Agrarwirtschaft, den Aufschwung der Industrie und die lebhafte Entwicklung des Kommerzes auf die Tätigkeit der Vereine zurückführen?«[81] Nicht die Abwesenheit oder zeitliche Verspätung der Idee und sozialen Praxis geselliger Vereine unterscheidet die Situation in Österreich-Ungarn von der in Westeuropa, sondern die geringere Dichte und Verflechtung der Assoziationen, die auch dem agrarischen Charakter des Landes geschuldet ist. Vom Staat verhindert wurde allein die Gründung von geheimen Gesellschaften, Arbeitervereinen oder parteipolitischen Vereinen. »There was no freedom of assembly in Hungary, but as societies' founders liked to point out, there was no law prohibiting it.«[82]

Ungeachtet des staatlichen Misstrauens gegen die Vereine – und der Sichtweise der Liberalen, denen später auch lange Zeit die Historiographie gefolgt ist, wonach der Neoabsolutismus eine finstere Epoche staatlicher Allmacht gewesen sei – entstand auch in der österreichischen Reichshälfte im Vormärz eine eigene, ausdifferenzierte Sphäre des Geselligen. Nicht ohne Grund wird

80 Bettina Gneisse, István Széchenyis Kasinobewegung im ungarischen Reformzeitalter (1825–1848). Ein Beitrag zur Erforschung der Anfänge nationalliberaler Emanzipation im vormärzlichen Ungarn, Frankfurt 1990, S. 271–273; Árpád Tóth, A társadalmi szervezıdés rendi és polgári normái. A Pesti Jótékony Nıegylet fennállásának elsıkorszaka, in: Fons, Jg. 5, 1998, Nr. 4, S. 414.

81 Móric Lukács, Néhány eszme az egyesületi jog körül, in: A magyar liberalizmus, hg. v. László Tıkéczi, Budapest 1894, S. 95–102, 96; zit. n. Zsuzsanna Török, Free Associations in Dualist Hungary (1867–1914/18). Recent Approaches in Historical Writing, Unveröffentlichtes Manuskript, Budapest 2001.

82 Nemes, Associations and Civil Society, S. 30f.

dem konservativen Staatskanzler Fürst Metternich nachgesagt, er habe die Vereine als eine »deutsche Plage« bezeichnet. Assoziationen, die zuerst in Berlin entstanden, verbreiteten sich über Prag nach Wien und von dort weiter nach Buda, Pest und die Provinzstädte der Habsburgermonarchie. Wien allein zählte nach Schätzungen ungefähr zweihundert Vereine.[83] Zu nennen sind insbesondere die großen Wiener Traditionsvereine, wie die Gesellschaft der Musikfreunde (1812), der Verein zur Versorgung und Beschäftigung erwachsener Blinder (1829), die Gartenbaugesellschaft (1837), der Juridisch-politische Leseverein (1840), der Männergesangsverein (1843), der Kreuzerverein zur Unterstützung der Wiener Gewerbsleute (1847) oder der Kunstverein (1850).[84] Ähnlich sah auch die Vereinslandschaft in den Provinzstädten, z. B. in Salzburg oder Klagenfurt aus.

Frauen waren, wie andernorts in Österreich-Ungarn, von den Vereinen zumeist ausgeschlossen, mit der auch für Westeuropa signifikanten Ausnahme der Wohltätigkeit. Im Jahr 1811 konstituierte sich in Wien die »Gesellschaft adeliger Frauen zur Beförderung des Guten und Nützlichen«. Nach ihrem Vorbild entstanden Frauenvereine in Lemberg (1816), Salzburg (1818) und Brünn (1819). Diesen Vereinen war jede politische Tätigkeit untersagt; oft nahm ihr Engagement dennoch politischen Charakter an, nicht nur hinsichtlich der Emanzipation der Frauen. Die Oberste Polizeibehörde der Habsburgermonarchie beäugte etwa die Aktivitäten des Lemberger Wohltätigkeitsvereins mit Misstrauen. Die in dem Verein versammelten Frauen unterstützten ganz offensichtlich polnische Patrioten. Auch wenn eine eigene Studie zu diesem Thema fehlt, lässt sich dennoch aus einzelnen Hinweisen in der Literatur schließen, dass die Mehrheit der unpolitischen, rein geselligen Vereine sich weitgehend ungestört vom kaiserlichen Staatsapparat entwickeln konnten. Marco Meriggi erwähnt für die Lombardei, die seit 1815 wieder zur Habsburgermonarchie gehörte, dass nur im Fall eines wissenschaftlich-kulturellen Vereins, den der Graf Frederico Confalonieri gründen wollte, die staatliche Genehmigung verweigert wurde. »Confalonieri stand – gewiß nicht zu Unrecht – im Verdacht konspirativer Aktivitäten zur Bedrohung der bestehenden Ordnung.«[85]

---

83 Ebd., S. 30.

84 Hye, Vereinswesen, S. 34.

85 Marco Meriggi, Das Bürgertum Mailands im Spiegel des Vereinswesens, in: Hannes Stekl u. a. (Hg.), Bürgertum in der Habsburgermonarchie, Bd. 2: »Durch Arbeit, Besitz, Wissen und Gerechtigkeit«, Wien 1992, S. 279–291, 280; ähnlich argumentiert für Ungarn: Nemes, Associations and Civil Society, S. 32.

Das Beispiel der lombardischen Hauptstadt Mailand zeigt, wie deutlich die Mitgliedschaft in geselligen Vereinen auch vom jeweiligen politischen und sozialen Kontext abhing. Staatsbeamte, die in Mailand als Vertreter einer aufgezwungenen Macht empfunden wurden, fanden sich, anders als in den anderen Teilen der Habsburgermonarchie, nur in bescheidenem Maße in den dortigen Vereinen. Der Adel spielte dafür in der lokalen Geselligkeit Mailands der ersten Jahrhunderthälfte eine herausragende Rolle. Einige Vereine, wie z. B. das *Casino dei nobili*, beruhten zwar auf dem freiwilligen Beitritt und bedienten sich der individualistischen Praktiken »bürgerlicher« Geselligkeit. Sie standen allerdings nur dem Adel offen und folgten hierin dem ständischen Prinzip. Der Adel stellte zwischen 1815 und 1821 mehr als die Hälfte der Vereinsmitglieder Mailands. Sein Anteil sank bis zur Mitte der vierziger Jahre auf mehr als ein Drittel, lag damit aber dennoch wesentlich höher als in den geselligen Vereinen Englands oder Frankreichs.[86]

Zur Geschichte der geselligen Vereine im Zarenreich liegen für die erste Jahrhunderthälfte keine vergleichbaren lokalen Untersuchungen vor. Bekannt ist lediglich die staatliche Skepsis gegenüber den geselligen Vereinigungen, welche aber, wie ein Blick auf alle kontinentaleuropäischen Staaten nach den napoleonischen Kriegen beweist, nicht unbedingt etwas über das tatsächliche Ausmaß des lokalen geselligen Lebens aussagt. Alexander I. verbot 1822 die Freimaurerlogen; die Furcht vor geheimen Gesellschaften ließ auch seinen Nachfolger Nikolaus I. die geselligen Vereinigungen mit Misstrauen beobachten. Seit 1826 mussten freie Assoziationen sich ihre Statuten vom Staat bestätigen lassen. Eine Folge war, dass viele gesellige Vereinigungen sich ohne staatliche Zustimmung trafen, wie etwa die illegalen Studentenzirkel der dreißiger und vierziger Jahre, wohingegen andere informelle Orte des Gesprächs, wie die literarischen Salons und Zirkel (*kružki*), vom Staat stillschweigend toleriert wurden. Von den neuen Wohltätigkeitsvereinen erhielten zwischen 1826 und 1855 nur zwanzig eine offizielle Anerkennung.[87] Ihre Bedeutung als Orte des sozialen Austauschs und der Aneignung westlicher Ideen sozialer Reform sollte zwar nicht unterschätzt werden. Dennoch lässt sich vergleichend sagen, dass es dem russischen Staat in den dreißiger und vierziger Jahren insgesamt gelungen war, das gesellige Leben in einem Maße zu reglementieren und zu kontrollieren, dass es weniger dem west- und mitteleuropäischer Städte glich als noch fünfzig Jahre zuvor.

Bei aller Hysterie in der Reaktion des autokratischen Staates gegen die geselligen Vereinigungen gab es gute Gründe aus der Sicht der Autokratie, den

---

86 Meriggi, Bürgertum Mailands, S. 288.
87 Lindenmeyr, Charity, S. 115.

scheinbar unpolitischen, nur moralischen Zielen verpflichteten Vereinen mit
Skepsis zu begegnen. Es ist sicher keine Übertreibung, mit Agulhon zu behaupten, dass die Politisierung der west- und mitteleuropäischen Gesellschaften in den dreißiger und vierziger Jahren sich im wesentlichen in den geselligen
Vereinen und Zirkeln vollzog.[88] Nicht nur für die Liberalen, auch für die Früh-
sozialisten besaßen die Begriffe »Verein« bzw. »Assoziation« einen emotiona-
len und utopischen Überschuss, einen Vorgriff auf eine bessere Gesellschaft.[89]
Karl Marx, der später nur Spott für die sozialdemokratische »Vereinsmeierei«
besaß, artikulierte den Kern dieser Utopie 1844: »Wenn die kommunistischen
Handwerker sich vereinigen, so gilt ihnen zunächst die Lehre, Propaganda etc.
als Zweck. Zugleich eignen sie sich dadurch ein neues Bedürfnis, das Bedürfnis der Gesellschaft an, und was als Mittel erscheint, ist zum Zweck geworden.
[…] Die Gesellschaft, der Verein, die Unterhaltung, die wieder die Gesellschaft zum Zweck hat, reicht ihnen hin, die Brüderlichkeit der Menschen ist
keine Phrase, sondern Wahrheit bei ihnen, und der Adel der Menschheit leuch-
tet uns aus den von Arbeit verhärteten Gestalten entgegen.«[90] Dass Marx und
andere kommunistische Intellektuelle späterhin die Bedeutung einer auf den
ersten Blick unpolitisch wirkenden Arbeitervereinskultur nicht erkannten
und statt dessen mit intellektuellem Dünkel an einem nur-politischen, ideologischen Organisationsprinzip festhielten, kann als ein Grund für ihr Scheitern angesehen werden.[91]

　　In England hatte es schon seit dem frühen 19. Jahrhundert die populären
friendly societies gegeben, die sich in einer Zeit ohne staatliche Versicherungen
der gegenseitigen Hilfe von Arbeitern und Handwerkersgesellen widmeten.
Im Vorlauf der Revolution von 1848 gründeten sich auch in Frankreich und
Deutschland eigene formellere Vereinigungen unterbürgerlicher Schichten.[92]
Sie gingen zurück auf informelle Soziabilitätsformen in den Hinterzimmern
von Cafés und Wirtshäusern, imitierten aber auch das bürgerliche Vereinsleben zu eigenen Zwecken und unterschieden sich darin von bürgerlich-liberalen Gründungen, wie etwa dem preußischen »Verein für das Wohl der arbeitenden Klassen«, die vergeblich versuchten, die Vereinsidee mit ihrem Ideal

---

　88　Agulhon, Le cercle.

　89　William H. Sewell Jr., Work and Revolution in France. The Language of Labor from
the Old Regime to 1848, Cambridge 1980, S. 201–205.

　90　Ökonomisch-philosophische Manuskripte [1844], in: Karl Marx/Friedrich Engels
Werke, Ergänzungsband 1, Berlin 1968, S. 553f.

　91　Thomas Welskopp, Das Banner der Brüderlichkeit. Die deutsche Sozialdemokratie
vom Vormärz bis zum Sozialistengesetz, Bonn 2000, S. 240.

　92　P.H.J.H. Gosden, The Friendly Societies in England, 1815–1875, Manchester 1961.

der Klassenharmonie und moralischen Verbesserung zur Lösung der »sozialen Frage« nutzbar zu machen.[93]

Bildung und moralische Reform auf dem Weg der Assoziation galten den europäischen Liberalen als ein Schlüssel für den sozialen Fortschritt ihrer Gesellschaften. Zugleich legten sie, wie sich am Beispiel von Tocqueville, Mill oder Burckhardt zeigen lässt, ihre Skepsis gegenüber den »Massen« wie auch gegenüber der Idee der Demokratie nie ab. Der Despotismus drohte in ihren Augen seit 1789 immer von zwei Seiten: von »oben« *und* von »unten«.[94] Der elitäre Grundzug des Liberalismus des 19. Jahrhunderts hat mithin eine spezifische Dualität hervorgebracht, die sich in der sozialen Praxis der Vereine konkretisierte: »its simultaneous tolerance and intolerance – the elastic, always potentially inclusive aspects, and the continually contested and renegotiated exclusions which characterized it as well.«[95]

1848 wurde der Begriff »Assoziation« schließlich zur allgemeinen politischen Losung. Anders als 1789 gehörte die Vereinigungsfreiheit zu den wichtigsten Forderungen der Revolution.[96] An den Schauplätzen der Revolution in Paris, Berlin, Wien oder Mailand entstanden unzählige neue, offen politische Klubs und Vereine.[97] Sie gingen programmatisch über den exklusiven und intimen Charakter der bürgerlichen Vereine hinaus. »Ich fordere … im heiligen Namen des Vaterlands Jedermann, der es liebt und in dem nur ein einziger Funke der Nationalehre glüht, auf,« erklärte der ungarische Revolutionär Lajos Kossuth im September 1848, »in jeder Stadt, in jedem Dorf Vereine zur Rettung des Vaterlandes zu bilden. [...] Alle Bestrebungen des Reichstages, der Behörden, der Commissäre und der Beamten zur Rettung des Vaterlandes werden mangelhaft und erfolglos sein, wenn sie nicht von den Gesellschaften gutgesinnter Staatsbürger unterstützt werden. Die Vereine sind es, die Jedem, der etwas zu Stande bringen will, ein Terrain zum Handeln darbieten.«[98]

Die Revolution von 1848 zeitigte, worauf hier nicht in der notwendigen Ausführlichkeit eingegangen werden kann, eine kurze Blütephase der politi-

---

93 Nipperdey, Verein als soziale Struktur, S. 189; Agulhon, La République; ders., Das Gemeinschaftsleben der Arbeiterklasse vor 1848, in: ders., Der vagabundierende Blick. Für ein neues Verständnis politischer Geschichtsschreibung, Frankfurt 1995, S. 14–50.

94 Kahan, Aristocratic Liberalism, S. 142.

95 Dagmar Herzog, Intimacy and Exclusion. Religious Politics in Pre-Revolutionary Baden, Princeton 1996, S. 83.

96 Agulhon, Gemeinschaftsleben, S. 42.

97 Vgl. beispielhaft Peter H. Amann, Revolution and Mass Democracy. The Paris Club Movement in 1848, Princeton 1975; Judson, Exclusive Revolutionaries, S. 29–67; sowie allg. die Beiträge in Dieter Dowe u.a. (Hg.), Europa 1848, Stuttgart 1998.

98 Zit. n. Mannová, Revolution 1848/49, S. 1.

schen Vereine und Klubs. Jene, denen in den verschiedenen europäischen Gesellschaften das politische Engagement in geselligen Vereinen verwehrt worden war, gründeten eigene Organisationen: Arbeiter, Frauen oder auch sich
zusehends als politisch-national eigenständig definierende Gruppen wie die
Ungarn oder Tschechen. Alle diese neuen, demokratischen Vereine scheiter-
ten mit ihren politischen Zielen mit der Niederschlagung der Revolution und
wurden spätestens 1849 aufgelöst. Andere gesellige Vereine wurden erneut
unter staatliche Aufsicht gestellt und konnten sich nicht frei entwickeln. Anfang der fünfziger Jahre hätte wohl kaum jemand in Europa vermutet, dass
das eigentliche »goldene Zeitalter« der freien Assoziationen nicht vorbei war,
sondern erst noch bevorstand.

II.3. Schule der Nation, Schule der Demokratie?
(1860er bis 1870er Jahre)

Im Frühjahr 1862 forderten drei Mitglieder der »Liedertafel« der böhmischen Kleinstadt Budweis (Budějovice) die informelle Absprache, von Zeit zu Zeit auch Lieder in tschechischer Sprache zu singen, zu einer festen Regel zu erklären. Jedes dritte Lied sollte fortan auf Tschechisch angestimmt werden. Nachdem dieser Vorschlag von der Mehrheit der Sänger abgelehnt wurde, gründeten die Unterlegenen einen neuen Männer-Gesangsverein, die *Beseda*, auf deren ersten Konzert nur tschechische Lieder gesungen wurden. Die verbliebenen Mitglieder der »Liedertafel« stimmten bei ihrem nächsten Konzert nur wenige Monate später Ernst Moritz Arndts »Was ist des Deutschen Vaterland?« an. Einige Sänger sprangen in patriotischer Begeisterung von ihren Sitzen, andere entfernten ihr Vereinsabzeichen und verließen die Bühne. Zwei Wochen später hatte die »Liedertafel« ihren nächsten Auftritt in einem neugegründeten deutschen Klub. Das Lied wurde nun nicht nur einmal, sondern zweimal gesungen, unter den Bravorufen der Anwesenden. Außer dem deutschen »hoch«, war, wie der »Anzeiger aus dem südlichen Böhmen« irritiert berichtet, auch das tschechische »výborně« zu hören. Beide Sprachen waren den Bürgern der Stadt noch wie selbstverständlich geläufig. Noch war es ungewohnt, primär als »Deutscher« oder »Tscheche« und nicht einfach als Bürger von Budweis und Untertan der Habsburgermonarchie zu gelten und zu handeln.[99]

Wie das Beispiel zeigt, war die Geselligkeit im Verein in den sechziger und siebziger Jahren eng mit den beiden Grundtendenzen der Zeit verknüpft: dem Aufstieg der Nation als politischer Ordnungsidee und der Einforderung demokratischer Partizipation. Beides setzte die überkommenen politisch-moralischen Ansprüche der Geselligkeit unter neuen Druck. Bevor die damit verbundenen Probleme genauer in den Blick genommen werden, gilt die Aufmerksamkeit zunächst der enormen Ausweitung und schrittweisen Liberalisierung des Assoziationswesens in den hier betrachteten Ländern. Die Vereinseuphorie der ersten Jahrhunderthälfte stellte sich nur als ein Vorspiel für die »Vereinigungswut«, wie es bald wieder hieß, in den beiden Jahrzehnten nach Tocquevilles Tod (1859) heraus. Die gesellige Gesellschaft erlebte nun einen neuen Aufschwung im Zuge der Überwindung ihrer politisch und sozial

---

99 Jeremy King, Budweisers into Czechs and Germans. A Local History of Bohemian Politics, 1848–1948, Princeton 2002, S. 3.

je verschiedenen Krisen; sie erstreckte sich nicht mehr nur »von Boston bis
St. Petersburg«, sondern griff nach Westen bis San Francisco, nach Osten bis
Wladiwostok aus. Erstmals erfolgte dieser Aufschwung zeitgleich in West und
Ost, wo die Industrialisierung und Urbanisierung ähnlich tiefgreifende gesellschaftliche Umbrüche verursachten. Eine Ausnahme bildet allein England, wo
viele der für die sechziger und siebziger Jahre typischen Entwicklungen der
gesellligen Gesellschaft schon ein halbes Jahrhundert früher eingesetzt hatten.
Der gebannte Blick auf den Staat und eine vermeintlich autoritäre Tradition hat
im 20. Jahrhundert lange Zeit die Sicht auf die reiche Assoziationslandschaft
Kontinentaleuropas versperrt, wogegen in jenen Ländern, die sich in einer un-
gebrochenen liberalen Tradition sehen, wie Großbritannien oder die Vereinigten Staaten, den Assoziationen als Ausweis dieser besonderen Liberalität in
der historischen Forschung große Aufmerksamkeit geschenkt wurde.[100] Zweifellos nahm die Dichte des Vereinswesens von West nach Ost ab. Dennoch
überraschen Ähnlichkeiten in den Vereinstypen, in den Motiven der Vereinsgründung und im Zeitpunkt des Aufschwungs, mit denen ihre Verbreitung erfolgte.

In den westlichen Provinzstädten Russlands zeichneten sich nach dem
Krimkrieg und mit der Ära der »großen Reformen«, insbesondere seit der
Aufhebung der Leibeigenschaft, Ansätze einer lokalen Gesellschaft ab, die
sich nun gleichfalls begann in gesellligen Vereinen zu treffen. Sie traten neben
die seit 1864 geschaffenen Selbstverwaltungsorgane, den *Zemstvos* und die
bestehenden informellen Geselligkeitskreise, etwa den Zirkeln und Salons.
1848 hatte das Innenministerium verboten, neue Wohltätigkeitsvereine zu
gründen. Ende der fünfziger Jahre begann sich die Haltung des Staates zu lo-
ckern, auch als eine Reaktion auf eine wachsende Zahl an Petitionen, die um
die Genehmigung zur Vereinsgründung nachsuchten. Während der Regent-
schaft Alexanders II. (1855–1880) stieg allein die Zahl der privaten Wohltätigkeitsvereine von 49 auf 348.[101] Der Staat gab dem Druck zur Liberalisierung
der Gesellschaft nach, um politisch die Entwicklung zu lenken und hand-
lungsfähig zu bleiben. Eine neue Generation in Russland, die *šestidesjatniki*,
sah in der Selbsttätigkeit der Gesellschaft eine moralische Aufgabe. Frauen
hatten herausragenden Anteil an diesem gesellschaftlichen Reformimpuls,
auch und vor allem in den Wohltätigkeitsvereinen. In den Memoiren einer
Frau dieser Generation heißt es denn auch: »Die sechziger Jahre können der

100 Geoff Eley, Nations, Publics, and Political Cultures. Placing Habermas in the Nineteenth Century, in: Craig Calhoun (Hg.), Habermas and the Public Sphere, Cambridge,
Mass. 1992, S. 289–339, 299.
101 Lindenmeyr, Charity, S. 122,

Frühling unseres Lebens genannt werden, eine Epoche des Aufblühens unserer geistigen Kräfte und sozialen Ideale, eine Zeit des leidenschaftlichen Strebens nach Licht und nach einem neuen, zuvor ungekannten sozialen Engagement.«[102]

Die soziale Reichweite der geselligen Vereine im Zarenreich erweiterte sich, wenn auch in vergleichsweise bescheidenem Maße: die schmale Schicht des gebildeten und besitzenden Bürgertums entdeckte sie zusehends für sich. Leo Tolstois »Krieg und Frieden« erschien Ende der sechziger Jahre und erinnerte an die versunkene Welt der russischen Freimaurerlogen des frühen 19. Jahrhunderts. Wie in Westeuropa auch bildeten sich eigene Vereine zur Popularisierung der Wissenschaft, wie die 1863 in Moskau gegründete »Gesellschaft der Freunde der Naturwissenschaften, Anthropologie und Ethnographie«, zu deren satzungsgemäßen Zielen die »Demokratisierung des Wissens« zählte.[103] Die überwiegende Mehrheit der Bevölkerung, insbesondere die Bauern, die ohnehin genossenschaftlich organisiert waren, gründeten freilich keine eigenen Vereine.[104] Gleichwohl ist die allgemeine Tendenz zur Differenzierung des Vereinswesens auch in Russland erkennbar. In einer multiethnischen Stadt wie Odessa gab es zwar schon 1831 einen »Englischen Klub«. Jetzt folgten aber auch ein deutscher Verein »Harmonia«, ein »Wohlgeborenenklub« und eine jüdische »Beseda« – in diesen Klubs und Vereinen traf sich die neue lokale Elite der Stadt aus Kaufleuten, Unternehmern und Beamten.[105] Eine besondere Bedeutung spielten die Kaufmännischen Klubs. Ungeachtet ihres unpolitischen Anspruchs nahmen sie, worauf schon mehrfach hingewiesen wurde, einen hohen politischen Stellenwert als Orte des Gesprächs und der Lektüre ein. Im Lesezimmer eines Klubs in der russischen Provinzstadt Kursk lagen in den sechziger Jahren des 19. Jahrhunderts »nicht nur die *Augsburger Zeitung*, das *Berliner Tageblatt* oder die Londoner *Times*, in den siebziger Jahren das Moskauer Professorenblatt *Russkie Vedomosti* oder die regierungsnahe St. Petersburger Tageszeitung *Novoe Vremja*, sondern auch die deutsche Gartenlaube und seit 1891 die Berichte der angesehenen und zusehends politisch

---

102 Ebd., S. 124.

103 Bradley, Subjects into Citizens, S. 1114.

104 Irina N. Il'ina, Obščestvennye organizacii Rossii v 1920-e gody, Moskau 2000, S. 16f.

105 Guido Hausmann, Die wohlhabenden Odessaer Kaufleute und Unternehmer. Zur Herausbildung bürgerlicher Identitäten im ausgehenden Zarenreich, in: Jahrbücher für Geschichte Osteuropas, N. F., Jg. 48, 2000, S. 41–65; allg. Edith W. Clowes u. a. (Hg.), Between Tsar and People. Educated Society and the Quest for Public Identity in Late Imperial Russia, Princeton 1990.

kritischen St. Petersburger ›Freien Ökonomischen Gesellschaft‹ aus«.[106] Überhaupt muss auch für die sechziger und siebziger Jahre der Aufschwung der Vereine in engem Zusammenhang mit der Entwicklung von Presse und Öffentlichkeit gesehen werden. Wie die Zahl der neugegründeten Vereine in Russland innerhalb weniger Jahre von einigen Dutzend rasch in die Tausende stieg, so erlebte auch das Pressewesen nicht nur in Russland, sondern in ganz Kontinentaleuropa 1860 seinen »take-off«.[107]

In den Vereinigten Staaten begann nach dem Bürgerkrieg und der Aufhebung der Sklaverei eine neue Leidenschaft für die geselligen Vereine. Die Amerikaner waren zwar schon in dem halben Jahrhundert vor dem Bürgerkrieg eine »nation of joiners« (Arthur M. Schlesinger). In den Jahrzehnten nach dem Bürgerkrieg lassen sich nunmehr aber alle wichtigen sozialen und kulturellen Entwicklungen anhand der Vereinsgeschichte verstehen. Seit der Mitte der sechziger Jahren revitalisierte sich das gesellige Netzwerk der amerikanischen Bürgergesellschaft und half, die soziale und politische Zerrüttung des Bürgerkriegs zu überwinden. Die Veteranen der Union und der Konföderierten organisierten sich nach 1865/66 in eigenen Kriegervereinen, etwa der »Grand Army of the Republic«, die 1880 allein 400 000 Mitglieder zählte. Neue Vereinstypen entstanden, die sich spezifischen Zwecken widmeten: dem Freizeitvergnügen, dem Beruf oder der Konstruktion ethnischer Identität.

Für heutige Betrachter besonders erstaunlich ist, dass die geheimen Gesellschaften sich sprunghaft vermehrten und zur populärsten Geselligkeitsform mit mehreren Millionen Mitgliedern wurden. Die Zeitgenossen sprachen von einem *golden age of fraternity*. Die Freimaurerlogen mit ihrem vagen Humanismus und ihren bizarren Männlichkeits-Ritualen dienten nicht nur als Vorbild, sondern erlebten selbst eine Renaissance. Andere geheime Gesellschaften wie die Odd-Fellows, Druids, Red Men (nur »Bleichgesichter« durften ihnen beitreten) oder den Good Templars öffneten sich sozial auch für die unteren weißen Mittelschichten. Interessenorganisationen wie die 1866 gegründete »Order of the Patrons of Husbandry«, die vor allem Farmer anzog, oder die ersten Gewerkschaften, die »Holy and Noble Order of the Knights of Labor«, inkorporierten geheime Rituale und andere Praktiken der Logen in ihr

---

106 Guido Hausmann, Stadt und lokale Gesellschaft im ausghenden Zarenreich, in: ders. (Hg.), Gesellschaft als lokale Veranstaltung, Göttingen 2002, S. 13–166, 127f.; sowie allg. zum Vereinswesen in Kursk: I.G. Košichina, Obščestvenno-kul'turnye organizacii Kurskoj gubernii gg. XIX v.-fevr. 1917 g., Kursk 1998.

107 Andreas Renner, Russischer Nationalismus und Öffentlichkeit im Zarenreich 1855–1875, Köln 2000, S. 117–184, 145; Jörg Requate, Öffentlichkeit und Medien als Gegenstände historischer Analyse, in: Geschichte und Gesellschaft, Jg. 25, 1999, S. 5–32, 6.

geselliges Leben.[108] »The plain citizen«, so Schlesinger, »sometimes wearied of his plainness and, wanting rites as well as rights, hankered for the ceremonials, grandiloquent titles, and exotic costumes of a mystic brotherhood.«[109] Gerade in einer sich sozial differenzierenden Gesellschaft ging von dem Spiel der geheimen Gesellschaften mit Exklusivität und Intimität eine neue Faszination aus. Die Geheimgesellschaften dienten als sakrale Räume eines moralischen Brüderlichkeitskults in einer sich entzaubernden, nach den Regeln von Kapital und Markt, Leistung und Konkurrenz organisierten Welt.

In Kontinentaleuropa ist die Liberalisierung der sich zunehmend als Nationalgesellschaften (oder nationale Teilgesellschaften wie etwa im Falle Österreich-Ungarns) umbildenden Staaten ebenfalls verbunden mit einem bis dahin nicht gekannten Zuwachs an Assoziationen. Seit 1860 entstand beispielsweise auch in Neapel ein lebendiges Assoziationswesen, während zuvor nur in wenigen norditalienischen Städten, wie in Mailand, Vereine gegründet worden waren.[110] Wie für die städtische Gesellschaft der französischen Provinz ist auch für die lokale Bürgergesellschaft der deutschen Städte von den Historikern bislang zu wenig wahrgenommen worden, dass sich das Assoziationswesen erst nach 1860 explosiv ausweitete.[111] Dagegen sahen die Zeitgenossen, zumal die frühen Sozialwissenschaften, die neue, überragende Bedeutung der Vereine. Lorenz von Stein meinte 1867, dass »das Vereinswesen mit seinem gewaltigen Aufschwung den eigentlich spezifischen Charakter unserer Gegenwart bildet«, Otto von Gierke erblickte ein Jahr später im Assoziationswesen

---

108 Vgl. u. a. Mark C. Carnes, Secret Ritual and Manhood in Victorian America, New Haven 1989; Mary Ann Clawson, Constructing Brotherhood. Class, Gender and Fraternalism, Princeton 1989; Lynn Dumenil, Freemasonry and American Culture, 1880–1930, Princeton 1984.

109 Arthur M. Schlesinger, Biography of a Nation of Joiners, in: American Historical Review, Jg. 50, 1944, S. 1–25, 16.

110 Marco Meriggi, Milano borghese. Circoli ed élites nell'Ottocento, Venedig 1992; Daniela Luiga Caglioti, Associazionismo e sociabilità d'élite a Napoli nel XIX secolo, Neapel 1996.

111 Patricia R. Turner, Class, Community and Culture in Nineteenth Century France. The Growth of Voluntary Associations in Roanne, 1860–1914, Ph.D. diss. University of Michigan, Ann Arbor 1994; Klaus Tenfelde, Die Entfaltung des Vereinswesens während der industriellen Revolution in Deutschland (1850–1873), in: Dann (Hg.), Vereinswesen, S. 55–114; die damit beide der geläufigen These vom Niedergang des Assoziationswesens nach 1860 widersprechen. Ähnlich verzeichnet Andreas Daum, Wissenschaftspopularisierung im 19. Jahrhundert. Bürgerliche Kultur, naturwissenschaftliche Bildung und die deutsche Öffentlichkeit, 1848–1914, München 1998, für das Jahrzehnt vor der Reichsgründung den zahlenmäßig größten Zuwachs (31) an Naturkundevereinen seit ihrem Bestehen (1743), ders., Wissenschaftspopularisierung.

»das eigentlich positive, gestaltende Prinzip der neuen Epoche«.[112] Deutschland wurde, neben den Vereinigten Staaten, zu dem Vereinsland par excellence.

Die zahlenmäßige Explosion der Assoziationen ging einher mit ihrer sozialen Demokratisierung. Gewiss hielten viele der bürgerlichen Vereine ängstlich an ihrer sozialen Exklusivität fest. Ihren Anspruch auf sozial-moralische Hegemonie innerhalb einer lokalen »klassenlosen Bürgergesellschaft« wurde ihnen aber in England, Frankreich oder den deutschen Staaten nun streitig gemacht, nicht zuletzt von neuen Vereinstypen wie dem »Working Men's Club«, den »Cercle populaire« oder dem Arbeiterbildungsverein.[113] Sie machten sich zusehends frei von einer liberalen Patronage. In den meisten Fällen gegründet und beaufsichtigt von bürgerlichen Honoratioren zur moralischen Verbesserung der »arbeitenden Klassen«, eigneten sich Arbeiter und Handwerker die Vereine an, demokratisierten sie und gründeten neue. In dem kurzen Zeitraum zwischen 1860 und 1864 entstanden allein in Deutschland 225 Arbeiterbildungsvereine.[114] Soziale Privilegien und Hierarchien wie der Ehrenvorsitz durch die Honoratioren wurden abgeschafft, die Vereine standen prinzipiell allen Männern offen, solange sie sich an die demokratisch-republikanischen Spielregeln hielten. An dem Anspruch der Bildung und moralischen Verbesserung hielt man gleichwohl fest. Der Führer eines Bamberger Arbeiterbildungsvereins wies das Angebot eines örtlichen Industriellen, in den Verein einzutreten und für die Einrichtung einer Krankenkasse zu sorgen, mit dem Argument zurück, »daß unser Verein ein A[rbeiter]B[ildungs] Verein u. kein bloser Arb[eiter] Unterst[ützungs] Verein ist, daß ferner die Arbeiter auf sich selbst sich stützen, aus sich selbst heraus eine Verbesserung ihrer materiellen Lage, eine Schaffung u. Führung ihrer polit. u. socialen Stellung im Staate sich schaffen, nicht aber mit einem Almosen oder Gnadenspende eines Hr. W. oder ähnlich denkenden Broschoi [Bourgeois] sich abfinden lassen wollen, wozu aber Politik absolut gehört.«[115]

Zu dem Anspruch auf Bildung und moralische Verbesserung gehörte die Inszenierung eines betont respektablen Habitus. »Man ging nicht im Arbeits-

---

112 Zit. n. Otto Dann, Vereinsbildung in Deutschland in historischer Perspektive, in: Heinrich Best (Hg.), Vereine in Deutschland, Bonn 1993, S. 119–142, 119.

113 Vgl. u.a. Welskopp, Brüderlichkeit; Richard N. Price, The Working Men's Club Movement and Victorian Social Reform Ideology, in: Victorian Studies, Jg. 15, 1971, S. 117–147; Harrison, Bourgeois Citizen, S. 150 ff., allg. Marie-Véronique Gauthier, Chanson, sociabilité and grivoiserie au XIXe siècle, Paris 1992; sowie vergleichend: Adina Lieske, Arbeiterbewegung, Bürgertum und kulturelle Praxis in Leipzig und Pilsen bis 1914, Diss. FU Berlin 2003.

114 Tenfelde, Entfaltung, S. 62.

115 Zit. n. Welskopp, Brüderlichkeit, S. 237.

zeug in den Verein und zu Versammlungen, sondern im Sonntagsanzug.«[116]
Die Arbeiterbildungsvereine arbeiteten ähnlich wie die bürgerlichen Lesegesellschaften: sie richteten Bibliotheken und Leseräume ein, veranstalteten
Vorträge und Lesungen, ermöglichten aber vor allem das zwanglose Gespräch
der Mitglieder. Sie organisierten Feste und Ausflüge, besaßen Fahnen und
Abzeichen, einige, wie die Prager *Dělnická beseda* erfanden sogar eine eigene
Vereinstracht, die aus einer hellblauen Jacke mit schwarzen Tressen (ein Hin-
weis auf die Sokol-Turnvereine), grauen Hosen, einem breiten Gürtel mit
dem Vereinsmonogramm, einer roten Halsbinde und einem roten Tschikosch
(Husarenkappe) mit weißer Feder als Kopfbedeckung bestand.[117]

Wie das Beispiel des Prager Arbeiterbildungsvereins zeigt, ergriff die Vereinsleidenschaft auch Österreich-Ungarn. Nach dem verlorenen Krieg gegen
Preußen und angesichts eines wachsenden politischen Drucks von innen sah
sich die Habsburgermonarchie im Jahr 1867 zu grundlegenden Reformen ge-
nötigt: einmal zum sog. »Ausgleich«, der Gründung eines ungarischen Staates
im Staate, der weitgehend unabhängig war, sodann zu einer neuen Verfassung,
die wichtige liberale Grundrechte durchsetzte. Noch im selben Jahr erfolgte
eine Lockerung des Vereinsrechts, die auf die vorangegangene sprunghafte
Zunahme der Vereinsgründungen seit den späten fünfziger Jahren reagierte
und sie zusätzlich förderte. Zwar garantierte das Gesetz nicht die völlige Vereinsfreiheit; »Ausländern, Frauenspersonen und Minderjährigen« blieb der
Zugang zu politischen Vereinen versperrt. Der Staat behielt sich zudem das
Recht vor, Vereine mit »staatsgefährlicher« Tendenz zu verbieten. In der Praxis betraf das allerdings nur im engeren Sinne politische Vereine, und auch hier
wurden die Grenzen im Laufe der Zeit immer weiter verschoben und durch-
lässig. Die drei großen politischen Lager bildeten eigene national-liberale,
konservativ-katholische und sozialdemokratische Vereinskulturen heraus, die
das politische Leben der Habsburgermonarchie in den darauffolgenden Jahrzehnten bestimmten.[118]

Wie anderorts auch sahen die österreichischen Liberalen in den politischen
Klubs und Vereinen keine reinen Interessenorganisationen, sondern versuchten, die moralischen Ideen des nichtpolitischen Vereins auf die Politik zu übertragen. Die gesellige Utopie der Vormärz-Zeit schien sich nun zu verwirk-

---

116 Ebd., S. 248.
117 Erika Kruppa, Das Vereinswesen der Prager Vorstadt Smichow 1850–1875, München 1992, S. 142.
118 Hans Peter Hye, Zur Liberalisierung des Vereinsrechtes in Österreich. Die Entwicklung des Vereinsgesetzes von 1867, in: Zeitschrift für Neuere Rechtsgeschichte, Bd. 14, 1992,
S. 191–216; sowie allg. Török, Free Associations in Dualist Hungary.

lichen: die politisch-moralische Erziehung und Führung des gemeinen Volkes durch eine gebildete Elite, die sich in einer geselligen Kultur ihrer selbst versicherte; die schrittweise Reform der Gesellschaft unter bürgerlich-liberalen Vorzeichen und ohne revolutionäre Gewalt. Es kann daher nicht überraschen, dass die rein geselligen Vereine seit den sechziger Jahren einen regelrechten Gründungsboom in der Habsburgermonarchie erlebten.[119] Insgesamt zählte man 1868 in Cisleithanien rund 5200 Vereine, 1870 bereits über 8000, zehn Jahre später rund 15000; nochmals zehn Jahre später (1890) hatte sich der Bestand verdoppelt (über 30000), bis zur Jahrhundertwende war wiederum eine Verdopplung eingetreten (auf knapp 60000) und in der darauffolgenden Dekade, also bis 1910, stieg die Zahl auf über 103000 an.[120]

Die nordböhmische Industriestadt Aussig (Ústí nad Labem) besaß bis 1860 nur wenige Assoziationen, bis 1867, also vor der Gesetzgebung, schon 22, 1870 dann 32; danach verdoppelte sich ihre Zahl jede Dekade und entsprach damit ungefähr dem Wachstum des Vereinswesens in der gesamten österreichischen Reichshälfte. In der überwiegenden Anzahl der Vereine wurde deutsch gesprochen. Die jüdische Bevölkerung besaß traditionell eigene Wohltätigkeitsvereine, war aber ebenfalls in das deutsche Vereinswesen integriert; einzig ein Teil der sich zunehmend als Tschechen verstehenden Bewohner der Stadt gründeten eigene Vereine.[121] In Preßburg (Bratislava/Pozsony) mit einer ungarischen, deutschen, jüdischen und slowakischen Bevölkerung mit oft sich überkreuzenden Loyalitäten gab es in den fünfziger Jahren nur elf Vereine mit genehmigten Statuten, in den siebziger Jahren ungefähr achtzig mit mehr als 18000 Mitgliedern. Wie andernorts auch übertraf das Wachstum der Vereine in der zweiten Jahrhunderthälfte das der Einwohnerzahl bei weitem.[122] In Kleinstädten besaßen die geselligen Vereine eine noch größere Bedeutung für das gesellschaftliche Leben als in Großstädten. In Leutschau (Levoča), einer Stadt in Oberungarn (heute Slowakei) mit ca. 6000–7000 slowakischen, ungarischen, deutschen und jüdischen Einwohnern, gab es nach 1870 ungefähr vierzig Vereine. Für die 150 bis 200 Mitglieder der lokalen Casinogesellschaft

119 Judson, Exclusive Revolutionaries, S. 144f.

120 Peter Urbanitsch, Vereine und Politische Mobilisierung in Cisleithanien, in: Anuarul Institutului de Istorie Cluj-Napoca, Jg. 33, 1994, S. 107–123, 113.

121 Hans Peter Hye, Vereine in Aussig (Ústí nad Labem) 1848–1914, in: Germanoslavica. Zeitschrift für germano-slawische Studien, Bd. 2, 1995, S. 241–274.

122 Elena Mannová, Middle-Class Identities in a Multicultural City. Associations in Bratislava in the 19th Century. Paper given at the Fourth International Conference on Urban History: Cities in Europe. Places and Institutions, Venice, September 3–5, 1998; allg. Hannes Stekl u. a. (Hg.), Bürgertum in der Habsburgermonarchie, Bd. 2: »Durch Arbeit, Besitz, Wissen und Gerechtigkeit«, Wien 1992.

lagen im Jahr 1860 32 Zeitungen und Zeitschriften wie der Pester *Lloyd*, die *Revue des deux mondes* oder die Londoner *Illustrated News* aus.[123]

Die Entwicklung der geselligen Vereine Österreich-Ungarns vollzog sich, wie Hans Peter Hye nachgewiesen hat, ohne wesentliche Behinderung durch staatliche Behörden.[124] Eine Ausnahme bildeten die Freimaurerlogen, denen konservativ-katholische Kreise in der Habsburgermonarchie noch immer radikaldemokratische Ziele unterstellten und die in der österreichischen Reichshälfte bis 1918 gesetzlich verboten blieben. Gleichwohl – und das zeigt, wie wenig die Vereinsgesetze über das tatsächliche gesellige Leben aussagen – erlebte die Habsburgermonarchie seit den späten sechziger Jahren einen Aufschwung des Logenwesens. In den beiden Teilen der Doppelmonarchie herrschte ein unterschiedliches Rechtssystem. In Transleithanien konnten ungarische und deutsche Freimaurer Ende der sechziger Jahre eigene Logen in Budapest gründen. Einige Freimaurer, wie Graf Guyla Andrássy, Premierminister der ersten Regierung Ungarns im Jahr 1867, kamen aus dem Exil in Frankreich, Italien oder der Schweiz und waren dort zu Freimaurern geworden. In den ungarischen Logen traf sich das Bürgertum aus Besitz und Bildung und der reformorientierte Adel. Zwischen 1870 und 1886 gehörten immer mindestens zwanzig Freimaurer dem Parlament an.[125]

Anders lagen die rechtlichen Voraussetzungen in der österreichischen Reichshälfte (Cisleithanien). Dort blieben die Logen verboten, allerdings unterlagen die nichtpolitischen Vereine keinen Restriktionen mehr. In der Folge bildete sich eine eigenartige Praxis heraus. Wiener Bürger ließen sich in ungarische Logen aufnehmen und gründeten dann in Wien mit behördlicher Genehmigung einen logenähnlichen Verein. 1869 entstand so der Verein »Humanitas«, der sich 1871 als Loge mit Sitz in Laytha Szent Miklos, einem Grenzort auf ungarischer Seite, konstituierte. Dort hielt man die freimaurerischen Rituale ab, in Wien widmete man sich dagegen der geselligen Seite des Logenlebens. Andere österreichische Freimaurer, in der Mehrzahl Angehörige der freien Berufe und Kaufleute, darunter viele Juden, folgten diesem Beispiel und hielten ihre rituellen Versammlungen regelmäßig in ungarischen Grenzstädten oder in Preßburg ab. Das Ganze ähnelte weniger konspirativen Treffen einer geheimen Gesellschaft, sondern mehr einem bürgerlichen Ver-

---

123 Ivan Chalupecký, Vereine in Leutschau und das gesellschaftliche Leben der Stadt, in: Viliam Čičaj u. Othmar Pickl (Hg.), Städtisches Alltagsleben in Mitteleuropa vom Mittelalter bis zum Ende des 19. Jahrhunderts, Bratislava 1998, S. 241–244, 242.
124 Hye, Vereine in Aussig, S. 244.
125 Ludwik Hass, The Socio-professional Composition of Hungarian Freemasonry (1868–1920), in: Acta Poloniae Historica, Jg. 30, 1974, S. 71–117, 75, 83.

einsausflug. Die Wiener Freimaurer reisten einmal im Monat entweder mit der Bahn in die Neustadt, wo sie am Bahnhof von wartenden Kutschen in einer Viertelstunde zu dem unmittelbar hinter der Grenze liegenden Neudörfl gebracht wurden. Oder sie nahmen in der Wiener Innenstadt eine Art Straßenbahn, die sie in einer Stunde in das Zentrum Preßburgs brachte. Selbst Freimaurer im entfernter liegenden Prag folgten diesem Beispiel und gründeten seit 1870 logenähnliche Vereine in Prag und, allerdings erst verspätet im Jahr 1909, eine eigene Loge »Hiram zu den drei Sternen« in Preßburg. Solche ungarischen »Grenzlogen« sorgten mithin unter Umgehung des Verbots für ein lebendiges, liberal geprägtes Logenwesen in Österreich vor 1918 – vor den Augen und mit stillschweigender Duldung des Staates.[126]

Vom Staat mit mehr Misstrauen beobachtet wurden die neuen national-politischen Vereine. Im transleithanischen Teil der Monarchie förderte der ungarische Staat die Magyarisierungsvereine und reglementierte umgekehrt streng Vereine der nichtmagyarischen Minderheiten, z. B. der Slowaken.[127] In der österreichischen Reichshälfte gründete sich Anfang 1862 der deutsch-tschechische Turnverein, der Prager »Sokol«. Seine beiden Gründer waren ein junger Akademiker, Miroslav Tyrš, und der Kaufmann und Bankdirektor Heinrich (Jindrich) Fügner. Während Fügner in der Leibesertüchtigung nur ein Mittel zur sozial-moralischen Erziehung des Kleinbürgertums sah, um es vom »Servilismus zu entwöhnen«, wollte Tyrš weit mehr: eine politische Bewegung zur Hervorbildung einer tschechischen Nation.[128] Dass Tyrš seinen deutschen Namen Friedrich Tirsch erst im Laufe der sechziger Jahre ablegte und Tschechisch für beide Gründer des »Sokol« nicht die Muttersprache war, zeigt, wie flüssig noch zu jener Zeit nationale Identitäten in der Habsburgermonarchie waren.

Ebenso wie die älteren deutschen Turnvereine propagierte der »Sokol« die Idee eines egalitären Patriotismus; die Gleichheit der Kleidung und das vertrauliche »Du« sollten wie auch das Turnen selbst ein geteiltes Nationalgefühl erzeugen. Die Sokol-Turnvereine gewannen in den sechziger Jahren rasch an Popularität und wurden auf lange Sicht zum wichtigsten Sammelbecken des tschechischen und pan-slawischen Nationalismus. 1866 bestanden allein in

126 Rainer Hubert u. Ferdinand Zörrer, Die österreichischen Grenzlogen, in: Quatuor Coronati Jahrbuch, Jg. 20, 1983, S. 143–66, 152.

127 Eva Mannová, Das Vereinswesen in der Slowakei und der mitteleuropäische Kontext 1848–1918, Unveröffentlichtes Manuskript 1999; sowie László Szarka, Szlovák nemzeti fejlűdés – magyar nemzetiségi politika 1867–1918, Pozsony 1995.

128 Zit. n. Monika Glettler, Sokol und die Arbeiterturnvereine der Wiener Tschechen bis 1914, München 1970, S. 32. Vgl. allg. Claire E. Nolte, The Sokol in the Czech Lands to 1914. Training for the Nation, Basingstoke 2003.

Böhmen 21 Zweigvereine, in den beiden darauffolgenden Jahren verdoppelte sich ihre Zahl, 1869 gab es schon 100, 1897 schließlich 466 Sokol-Turnvereine mit 43 870 Mitgliedern. Ihr hochfliegendes Ziel: »Jeder Tscheche ein Sokol« erreichten sie freilich nicht.[129] Ein Grund lag in der Betonung bürgerlicher Respektabilität, die gegen Ende des Jahrhunderts zur Gegengründung von tschechischen Arbeiterturnvereinen führte, die zunächst nur Sozialdemokraten aufnahmen. Wie auch andere tschechischsprachige Vereine der sechziger und siebziger Jahre grenzten sich die Sokol-Tunvereine von den nichtbürgerlichen Schichten der Stadt scharf ab. Die vorn erwähnte Budweiser »Beseda« stand ebenfalls in ihrer sozialen Exklusivität den ehemaligen Gesangsbrüdern der »Liedertafel« nur wenig nach. Beide Rivalen besaßen um 1870 eigene, elegante Vereinshäuser, in denen sich das tschechische und deutsche Bürgertum der Stadt traf.[130]

Assoziationen, die ursprünglich Tschechen, Deutsche oder Ungarn vereinten, trennten und multiplizierten sich seit den sechziger Jahren entlang »ethnischer« Grenzen.[131] Oft ging es dabei um handfeste politische Interessen. Die deutschen Liberalen sahen sich selbst als eine nationale und gebildete Elite, welche die Interessen der weniger aufgeklärten sozialen und »ethnischen« Gruppen in Cisleithanien besser vertreten könne als diese selbst. »To a historically rooted understanding of German superiority, Liberals added a bourgeois and meritocratic, civic one. The proper political stance of lower-class citizens was passivity and deference. Through self-improvement, though, they could earn enfranchisement and membership in the Cisleithanian ›nation‹, which happened to speak German.«[132]

Ein Austragungsort der vielfältigen Konflikte, die aus solchen politisch-moralischen Ansprüchen erwuchsen, waren die Vereine. Die 1863 im Prager Vorort Smichow gegründete »občanska beseda« (Bürgerressource) vereinte zunächst Deutsche und Tschechen und arbeitete zweisprachig. In ihr sammelte sich aber zusehends das gehobene tschechische Bürgertum der Stadt. Als die Tschechen 1867 auch mit aktiver Hilfe der Bürgerressource die Kom-

129 Jeremy King, The Nationalization of East Central Europe, in: Nancy Wingfield u. Maria Bucur (Hg.), The Politics of Commemoration in Habsburg Central Europe, 1848 to the Present, West Lafayette 2001, S. 112–152, 148.

130 King, Budweisers, S. 51.

131 Gary Cohen, The Politics of Ethnic Survival. Germans in Prague, 1861–1914, Princeton 1981, insbes. S. 63 f.; sowie beispielhaft für das Preßburger Casino: Mannová, Middle-Class Identity.

132 King, Budweisers, S. 34; sowie Pieter M. Judson, ›Whether Race or Conviction Should be the Standard‹. National Identity and Liberal Politics in Nineteenth-Century Austria, in: Austrian History Yearbook, Jg. 22, 1991, S. 76–95.

munalwahlen gewannen, traten die deutschen bzw. deutsch-jüdischen Mitglieder aus und begannen, eigene Assoziationen, wie den Bildungsverein »Eintracht« oder das »Casino«, ins Leben zu rufen, in denen ausschließlich deutsch gesprochen wurde. Zu diesem Zeitpunkt bestanden in dem Prager Vorort bereits acht tschechische Vereine, einschließlich der *Občanska beseda*, mit insgesamt etwa tausend Mitgliedern. Die tschechischen Vereine dienten mithin in Smichow aber auch andernorts als Vorbild für ein eigenständiges »deutsches« Assoziationswesen.[133] So wuchs die deutsche »Casino«-Gesellschaft in Prag nach anfänglichen Schwierigkeiten ungeachtet ihres elitären Anspruchs von 632 Mitgliedern im Jahr 1862 auf 1098 im Dezember 1870; sie vereinte das sich als »deutsch« verstehende, liberale Bürgertum der Stadt, darunter auch viele Juden. Aus dem Casino heraus wurden bis in die 1880er Jahre auch die meisten anderen deutschen Vereine Prags gegründet oder dirigiert.[134]

Mit der Entstehung von »ethnisch« geteilten Vereinslandschaften beginnt sich in der Habsburgermonarchie eine Nationalisierung politischer Zugehörigkeit durchzusetzen. Zu dem Erfolg der verschiedenen Praktiken der Nationalisierung gehört, dass noch heute in der vorherrschenden Historiographie zu Mittelosteuropa behauptet wird, es hätten sich in der zweiten Hälfte des 19. Jahrhunderts eigenständige Nationalitäten aus zuvor existierenden ethnischen Gruppen wie den Deutschen, Ungarn oder Tschechen gebildet. Mit Jeremy King könnte man diese Sichtweise als »Ethnizismus« bezeichnen.[135] Bis in die sechziger Jahre und in vieler Hinsicht bis zum Ersten Weltkrieg, waren andere, sich oft kreuzende Zugehörigkeiten oft bedeutsamer: die Bürgerschaft in einer Stadt, die Loyalität zur Habsburgermonarchie, die soziale Klasse oder die Konfession. Zur Verwendung einer einzigen Sprache – Tschechisch, Ungarisch oder Deutsch – mussten die Mitglieder von Vereinen seit den sechziger Jahren oft per Statut gezwungen werden, da sie oft mehrere dieser Sprachen oder verwandte Dialekte beherrschten. Außerhalb der Vereine gab es viele Bereiche des sozialen Lebens, in denen ethnische Zuordnungen keine Rolle spielten.

Der Nationalismus der sechziger und siebziger Jahre war, ähnlich wie in Westeuropa, keine Rückkehr zu einer verlorenen Identität, sondern ihre politische Neuerfindung. »Through ethnicism, early Czech activists could strug-

---

133 Kruppa, Vereinswesen, S. 178, 197.

134 Cohen, Germans in Prague, S. 68, 70.

135 King, Nationalization of East Central Europe, S. 113. Im Anschluss an Rogers Brubaker, Nationalism Reframed, Cambridge 1996; ders. u. Frederick Cooper, Beyond Identity, in: Theory and Society, Jg. 29, 2000, S. 1–47.

gle against the non-national Habsburg state and phrase that struggle as one against Germans – thus both avoiding direct conflict with a superior force and contributing to the development of a third factor in the politics of the Bohemian land. That third factor, a German national movement, was condemned by the practices of ›quality‹ and of ethnicism through which it was constituted to a minority status. In an era whose doctrinal hallmark has been popular sovereignity, that status triggered efforts at redefining territorial boundaries, at forging a majority by joining with Germans elsewhere. The state, meanwhile, gradually became multinational, in considerable part through attempts by officials at mediating between Czechs and Germans.«[136]

Der Aufstieg der Nation als politischer Ordnungsidee lässt sich von den beiden Grundtendenzen der Vereinsentwicklung in den sechziger und siebziger Jahren, Liberalisierung und Demokratisierung, mithin nicht trennen. Zu Recht haben Historiker argumentiert, dass der Nationalismus des 19. Jahrhunderts in erster Linie eine populäre Vereinsbewegung war – und zwar nicht nur in Österreich-Ungarn, sondern in ganz Kontinentaleuropa. Die nationalen Vereine waren sozial weniger exklusiv (auch wenn sie sich gegenüber Arbeitern abschlossen) und versprachen vor allem mehr politische Partizipation. Die liberale Utopie der moralischen Verbesserung durch geselligen Austausch war schon in der Spätaufklärung und im Frühliberalismus an ein Bekenntnis zur Nation gebunden. Für Tocqueville sollte das Vaterland das größte und engste Band knüpfen, das die Menschen in der Demokratie zusammenhält. Für Liberale wie Welcker, um bei dem vorn zitierten Lexikonartikel zu bleiben, galt 1846 der Tod für das Vaterland als die höchste Bürgertugend – eine Forderung, die erst im Zeitalter nationaler Kriege ihre wahre Bedeutung entfalten sollte.[137]

Mit der massenhaften Zunahme von sozial weniger exklusiven Vereinen wie den Turnern ging der Glauben an einen Zusammenhang von Geselligkeit und politischer Tugend keineswegs verloren, sondern erfuhr oft eine Übersetzung in eine zeitgemäß scheinende Sprache. So meinte ein Festredner auf einem Dessauer Turnfest im Jahr 1865, um nur ein Beispiel herauszugreifen, im Leben des Vereins erschließe sich »die Vorschule zum Bürgerthum, da blüthen sie auf, die schönsten Bürgertugenden: Selbstbeschränkung, männliche Zucht und Bescheidenheit, da regte sich Freundschaft und Anhänglichkeit, da verwischen sich die eng gesteckten Grenzen der Gesellschaft, der Mensch ward zum Menschen und sah auch im Andern den Men-

---

136 King, Nationalization of East Central Europe, S. 148.
137 Welcker, Bürgertugend, S. 751.

schen.«[138] Und noch in den neunziger Jahre heißt es in einer Rede, gehalten bei einer »société de gymnastique«: »Wichtiger als die Übereinstimmung der Handlungen [gemeint sind die Turnübungen] ist die Einigkeit der Seelen: die Disziplin ist eine äußere Harmonie, die zu einer inneren, tieferen führen sollte. Mitglieder desselben Vereins, die der gleichen Satzung unterstehen, geben einander sicherlich mehr als nur körperliche Fähigkeiten weiter […]. Der Geist der Geselligkeit, der Kameradschaft, der Eintracht, der Toleranz und des gegenseitigen Verständnisses ist das oberste Ziel der gemeinsamen Ausbildung. […] So verstanden, dient die Gymnastik nicht nur der Bildung des Körpers […], sie ist auch moralische Erziehung.«[139]

Die Turn- und Gymnastikbewegung, eine der populärsten Vereinsformen des Jahrhunderts, zeigt dennoch exemplarisch, zu welchen politischen Aporien ein solcher Glaube im Zeitalter der Nationalstaaten führen konnte. Sie entstand in den deutschen Staaten mit den napoleonischen Kriegen, stagnierte nach 1848/49, auch aufgrund politischer Repression, lebte nun aber mit Beginn der sechziger Jahre wieder auf. Im Jahr 1862 zählte eine zeitgenössische Statistik 1284 Turnvereine mit 134 507 Mitgliedern; mehr als tausend dieser neuen Vereine entstanden innerhalb der vorangegangenen zweieinhalb Jahre. Von der außergewöhnlichen Dynamik dieser Gründungen zeugt der Umstand, dass sich 1864 ihre Zahl auf 1934 Vereine nahezu verdoppelte, mit nunmehr 167 932 Mitgliedern.[140] Am Ende der sechziger Jahre sank ihre Zahl unter dem Eindruck der Kriege von 1866 und 1870/71, begann aber wenige Jahre darauf wieder enorm zu wachsen – und zwar nicht nur im Deutschen Kaiserreich, sondern auch in Frankreich.[141]

Das Turnen stieg in den letzten drei Dekaden des 19. Jahrhunderts zum populärsten sportlichen Freizeitvergnügen für junge Männer beider Länder auf.

138 Zit. n. Svenja Goltermann, Körper der Nation. Habitusformierung und die Politik des Turnens 1860–1890, Göttingen 1998, S. 102.

139 Zit. n. Pierre Arnaud u. André Gounot, Mobilisierung der Körper und republikanische Selbstinszenierung in Frankreich (1879–1889). Ansätze zu einer vergleichenden deutsch-französischen Sportgeschichte, in: Etienne François u.a. (Hg.), Nation und Emotion. Deutschland und Frankreich im Vergleich, 19. u. 20. Jh., Göttingen 1995, S. 300–320, 318.

140 Goltermann, Körper der Nation«, S. 62; ferner: Michael Krüger, Körperkultur und Nationsbildung. Die Geschichte des Turnens in der Reichsgründungsära, Schorndorf 1996.

141 Richard Holt, Sport and Society in Modern France, London 1981, S. 39–60; Pierre Arnaud (Hg.), Les Athlètes de la République. Gymnastique, sport et idéologie républicaine, 1870–1914, Toulouse 1987; ders. u. Jean Camy (Hg.), La naissance du mouvement sportif associatif en France. Sociabilités et forms de pratiques sportives, Lyon 1986; ders. u. Gounot, Mobilisierung der Körper; Jean-Claude Richez, Aux origines du mouvement gymnique dans la France de l'Est. Culture du corps et culture politique, in: Alfred Wahl (Hg.), Des jeux et des sports, Metz 1986, S. 65–83.

Hier wie dort dienten die Turn- bzw. Gymnastikvereine aber auch der physischen und politisch-moralischen Erziehung sowie der Militarisierung des sozialen Lebens. So wie die deutsche Turnbewegung am Anfang des Jahrhunderts aus dem Trauma der deutschen Niederlage in den ersten Jahren der napoleonischen Kriege entstanden war, erlebten die französischen Gymnastikvereine einen Gründungsboom nach der militärischen Demütigung durch die deutschen »Barbaren« im Krieg von 1870/71. Viele von ihnen nannten sich »L'Asace-Lorraine«, »La Revanche«, oder schlichtweg »France!«. Gewiss waren die politischen Rahmenbedingungen unterschiedlich, das Kaiserreich eine konstitutionelle Monarchie, Frankreich eine Republik; dennoch lässt sich eine erstaunliche Übereinstimmung in den geselligen Praktiken und Ideen (die tschechische Turnbewegung »Sokol« ist ein weiteres Beispiel) erkennen. Bewusst übernahmen die französischen Gymnastikvereine die martialischen Kollektivübungen der deutschen Turner und nicht etwa den eleganteren und individuelleren Turnstil, der in Schweden praktiziert wurde. Die deutschen Turner verstanden sich als »Körper der Nation«, ihre französischen Kontrahenten als »Athleten der Republik«; beide waren vielfältig verflochten mit anderen nationalistischen Vereinen wie dem »Alldeutschen Verband« oder der »Ligue des Patriotes«. In beiden Ländern dienten die Turnvereine der nationalen Mobilisierung insbesondere des Kleinbürgertums, auch und gerade gegen den Feind der »Kultur« bzw. der »Zivilisation« jenseits der Grenze.

Nach innen fühlten sie sich ebenfalls verpflichtet, gegen die vermeintlichen Feinde des Vaterlandes vorzugehen. So wie in Deutschland die Arbeiterturnvereine aus der »Deutschen Turnerschaft« ausgegrenzt blieben, so bekämpfte die republikanische »Union des Sociétés de Gymnastique de la France« die katholische Turnbewegung. In dem Maße, wie sich die »geselligen Gesellschaften« in Nationalgesellschaften umbildeten, zeugte die Berufung auf die Nation in Vereinen wie den Turnern folglich mehr von den inneren und äußeren Konflikten als von einem abstrakten allgemeinen Wohl. Paradoxerweise beruhte die Universalität des Assoziationsprinzips, seine Erfolgsgeschichte im 19. Jahrhundert auf dieser Verknüpfung von moralischen Ansprüchen und partikularen Interessen. Die transnationale Verbreitung der Vereine, die Zirkulation geselliger Ideen und Praktiken, hat aber – anders als im 18. Jahrhundert und von der Aufklärung erwartet – nicht zu einem Grenzen übergreifenden moralischen Gefühl der Gemeinsamkeit und »Zivilität« geführt, sondern neue soziale und politische Gräben aufgerissen.

Das lässt sich auch am Beispiel der Freimaurer verdeutlichen. Die Logen sahen sich im 19. Jahrhundert als »Schulen der Bürgertugend« im Sinne Tocquevilles. Die Freimaurerei solle bewirken, heißt es etwa in einer süddeutschen Logen-Flugschrift aus dem Jahr 1859, »was weder der Staat, noch die

Kirche bewirken kann; durch sie soll *innere* Tugend und Rechtschaffenheit vermehrt und verbreitet werden.« Die bürgerliche Gesellschaft könne die innere Tugend nicht befehlen, »ohne sich zum Richter der Gesinnungen und Gedanken aufzuwerfen, welches die ärgste Tyrannei, und dem wahren Endzwecke der menschlichen Gesellschaft gerade entgegen sein würde.« Deshalb bedürfe es sozialer Räume wie der Logen, in denen an der »inneren Sittlichkeit« des einzelnen gearbeitet werden könne, »das Gute, welches die bürgerliche Gesellschaft nicht bewirken kann, zu befördern; Weisheit, Freiheit und Tugend in ihrer wesentlichen Reinheit zu erhalten; die Trennungen und Spaltungen, welche das Interesse der Staaten, Religionen, Stände und aller zufälligen Verhältnisse hervorbringt, zu heben, und die Menschen blos durch das allgemeine Band und unter der Regierung des Vernunftgesetzes wieder zu vereinigen. Nach diesem Gesetz sind wir *Menschen* – weiter nichts.«[142] Dass die Logen im 19. Jahrhundert, dem Zeitalter der Öffentlichkeit, an ihrem Geheimkult festhielten, erklärt sich aus diesem politisch-moralischen Selbstverständnis. Sie wollten in der sich demokratisierenden Gesellschaft einen Ort frei halten von den Konflikten dieser Gesellschaft, an dem die Tugend gelebt werden kann. Die Freimaurerlogen und andere geheime Gesellschaften verschwanden folglich – anders als Tocqueville vermutet hatte – nicht im Jahrhundert nach der Aufklärung, sondern gewannen gerade in Frankreich und den deutschen Staaten in den sechziger Jahren neue Popularität und politische Bedeutung als Sammelbecken des zeitgenössischen Republikanismus bzw. Liberalismus.[143] Die Freimaurer sahen sich als eine nationale, gebildete Elite, die nicht ohne Erfolg nach innen auf eine schrittweise Reform der Gesellschaft und des Staates drängt.

Zugleich stürzte die Verknüpfung von politisch-nationalen und moralisch-universalen Ansprüchen die Freimaurer in völlig neue Konflikte. Eine »moralische Internationale« waren die Logen in der ersten Hälfte des 19. Jahrhunderts vornehmlich dem Selbstverständnis nach. Das Ausmaß an Kontakten

---

142 Pandora, oder interessante Mittheilungen über alte und neue Freimaurerei, aus dem handschriftlichen Nachlasse eines Geweihten, Stuttgart 1859, S. 38 f.

143 Vgl. u. a. Philip Nord, Republicanism and Utopian Vision. French Freemasonry in the 1860s and 1870s, in: Journal of Modern History, Jg. 63, 1991, S. 213–229; ders., The Republican Moment. Struggles for Democracy in Nineteenth-Century France, Cambridge, Mass. 1995, Kap. 1: Freemasonry; Sudhir Hazareesingh u. Vincent Wright, Francs-Maçons sous le Second Empire. Les Loges provinciales du Grand-Orient á la veille de la Troisiéme République, Rennes 2001; Pierre Chevallier, La maçonnerie francaise et la maçonnerie allemande en 1870–71, in: Annales de l'Est. Faculté des lettres de l'Université de Nancy, Jg. 25, 1973, S. 77–94; Stefan-Ludwig Hoffmann, Die Politik der Geselligkeit. Freimaurerlogen in der deutschen Bürgergesellschaft, 1840–1918, Göttingen 2000.

über Staatsgrenzen hinweg blieb im Vergleich zum 18. Jahrhundert gering, nicht zuletzt auch aufgrund polizeilicher Kontrollen. Das änderte sich schrittweise in den sechziger Jahren. Die Korrespondenz unter den Großlogen, der Austausch von Repräsentanten, der individuelle Besuch von Logen anderer Länder etwa auf Geschäftsreisen trugen zur Internationalisierung der Freimaurerei bei. Je näher sich freilich die Logen der verschiedenen Nationen im Laufe des Jahrhunderts kamen, desto sichtbarer wurden ihre Differenzen, nicht nur im Selbstverständnis, sondern auch in der sozialen Praxis.

Fortan kam es innerhalb der Logenwelt hierüber zu immer neuen Konflikten. So warfen die amerikanischen Freimaurer ihren deutschen Brüdern in den sechziger Jahren vor, dass die Ausschließung von Juden gegen die humanistischen Prinzipien der Freimaurerei verstoße und unmoralisch sei, ohne freilich wahrzunehmen, dass gerade die Hamburger Logenbrüder, gegen die solche Vorwürfe erhoben wurden, entschiedene Befürworter der Emanzipation der Juden innerhalb der deutschen Freimaurerei waren.[144] Die Vorwürfe richteten sich wohl deshalb gegen die Hamburger Großloge, weil sie mit ähnlichen Argumenten in den späten fünfziger Jahren die Nichtanerkennung von afroamerikanischen Freimaurern in den Vereinigten Staaten angeprangert hatte. Sie ging freilich nicht so weit wie der französische »Grand Orient«, der aus diesem Grund 1858 alle Kontakte mit den amerikanischen Freimaurern abbrach. Wie der liberale Teil der deutschen Logenbrüder waren auch die französischen Freimaurer »begeisterte Anhänger der Emanzipation der Schwarzen«.[145] Liberale Freimaurer in Deutschland sahen sich als moderne Aufklärer und in einem ganz konkreten Sinne als Weltbürger. Sie standen zu jener Zeit in enger Korrespondenz mit der afroamerikanischen »Prince Hall Grand Lodge« in Boston und gehörten zu deren Ehrenmitgliedern. Sie forderten ebenfalls die Gleichstellung der »Negerlogen«, die ihnen von den übrigen amerikanischen Logen versagt blieb. Die Morallehre der amerikanischen und deutschen Logen wiederum besaß eine protestantisch-religiöse Färbung, was sie in Konflikt mit der kämpferisch laizistischen Freimaurerei Frankreichs brachte. Zudem stand der Ausschluss von Juden aufgrund der Konfession im Gegensatz zum Selbstverständnis der französischen Logen, worauf sie ihre preußischen Brüder auch in pathetischen Aufrufen hinwiesen.

Die Beispiele zeigen, wie sich zwischen dem Selbstverständnis der Logen als »moralischer Internationale« und der tatsächlichen Einigkeit und Brüderlichkeit der Freimaurer der verschiedenen Staaten in dem Maße ein Graben öffnete, je näher die nationalen Gesellschaften de facto zusammenrückten.

144 Vgl. Hoffmann, Politik der Geselligkeit, S. 283–324.
145 Nord, Republicanism, S. 223.

Einig war man sich allein in einem erbitterten Antikatholizismus. Die Frage, wie die freimaurerischen Prinzipien in den Logen jenseits der Grenze verwirklicht wurden und welche moralischen Vorhaltungen und nationalen Abgrenzungen daraus folgten, tauchte als Problem erst mit der Internationalisierung auf. Kurz, die Internationalisierung der europäischen Gesellschaften legte den Blick frei auf den partikularen Charakter der moralisch-universalistischen Ansprüche der Logen verschiedener Nationalstaaten.

Das zeigte sich besonders dramatisch im deutsch-französischen Krieg. Das, was es an vielfältigen informellen Kontakten und an idealer Nähe der Logen beider Länder trotz allem gegeben hatte, wurde in kurzer Zeit obsolet oder in das Gegenteil verkehrt. Jede Seite versuchte, die andere »zivilisatorisch« herabzusetzen. Die französischen Logenbrüder sahen in der deutschen Kriegsführung die moralisch verwerflichen Folgen von Militarismus und Obrigkeitsstaat, von Rückständigkeit und Barbarei. Den Vorwurf der Barbarei gab die deutsche Seite an die Franzosen zurück. Der Rückschritt hinter ein gemeineuropäisches Zivilitätsbewusstsein trat für die deutschen Freimaurer im Einsatz von schwarzafrikanischen Soldaten und einer »unzivilisierten« Kriegsführung auf französischer Seite zutage. Das neue und nicht nur viele deutsche und französische Freimaurer Verwirrende des Krieges von 1870/71 war, dass sich ihrer Meinung nach erstmals zwei »zivilisierte« Nationen und ihre Logen in einem Krieg gegenüberstanden, eine Möglichkeit, die das Entwicklungsdenken mit seinem Vertrauen in einen schrittweisen moralischen Fortschritt nicht für möglich gehalten hatte.

Der faktische Universalismus der zunehmenden wirtschaftlichen und gesellschaftlichen Verflechtung der Nationen hat den Drang zur nationalen Abgrenzung zugespitzt und den normativen Universalismus, der sich an die moralische Idee der Verbesserung in der Geselligkeit knüpfte, politisch unter Druck gesetzt. In dem Maße, wie »die ›Menschheit‹ als ein einziges Beziehungsgeflecht nicht mehr nur eine utopische Idee, sondern eine wirkliche Bedingung für jedes Individuum ist«, wurden Stereotypen über »die Anderen« vervielfältigt und festgeschrieben.[146] Erst die transnationale Verbreitung der geselligen Vereine und ihr zunehmender Austausch zwang sie, neue Grenzen zu ziehen, die den hochfliegenden moralischen Idealen widersprechen konnten.

146 Etienne Balibar, Ambiguous Universality, in: differences, Jg. 7, 1995, S. 48–74, 56; Michael Geyer u. Charles Bright, World History in a Global Age, in: American Historical Review, Jg. 100, 1995, S. 1034–1060, 1059.

II.4. Interessen, Vergnügen, Krisen (1890er Jahre bis 1914)

»Die Geschichte des Liberalismus läßt sich«, wie Reinhart Koselleck bemerkt
hat, »als eine Geschichte des Verzehrs beschreiben. Es ist der Preis, ohne den
seine Erfolge nicht zu haben waren.«[147] Von einer solchen sich selbst verzeh-
renden Erfolgsgeschichte zeugt auch die Geschichte der liberalen Begeisterung
für gesellige Vereine. Das zeigt sich insbesondere an der vierten Aufschwungs-
phase von Vereinsgründungen, die von den neunziger Jahren bis ungefähr 1910
reicht. Zu keinem anderen Zeitpunkt prägten die Assoziationen das gesellschaftlichen Leben in allen hier betrachteten Ländern stärker als in den beiden
Dekaden um 1900. Kaum ein Segment der Gesellschaft wurde von der »Vereinigungswut« der Zeitgenossen nicht berührt, die zudem vor staatlichen
Grenzen keinen Halt machte. Selbst die Gegner der »Vereinsmeierei« gründeten Vereine, um Gehör zu finden und mit ihrem Unmut nicht allein zu stehen.
Zugleich mehrten sich aber die Zweifel an dem politisch-moralischen Wert der
Vereine, auch unter den Liberalen. Mit der europäischen Krise des Liberalismus am Ende des Jahrhunderts stand auch der von Tocqueville formulierte
Glaube an die Macht der Tugend und Geselligkeit zur Disposition. An seine
Stelle traten neue Ideen und Praktiken der sozialen Interessenorganisation,
des Freizeitvergnügens sowie der politischer Willensbildung, welche die Geschichte des 20. Jahrhunderts bestimmen sollten, die aber, ironisch genug, oft
aus den Vereinen heraus entstanden waren.

In den Ländern, in denen sich schon zuvor ein entwickeltes Assoziationswesen gebildet hatte, explodierte dieses um 1890 noch einmal zahlenmäßig.
In Großbritannien übertraf im späten 19. Jahrhundert der Zuwachs an geselligen Vereinen das Bevölkerungswachstum und erfasste alle Bereiche des gesellschaftlichen Lebens bis in die Kolonien des Empire.[148] Die »gentlemen's
clubs« bildeten ein wichtiges Ferment des sozialen Lebens der Kolonialgesell-
schaft. In England selbst erlebten die Klubs zwischen 1870 und 1914 ihre
eigentliche große Zeit. Die Zeitgenossen sprachen von eigenen »Clublands«,
die sich nicht zuletzt in den Industriestädten der Provinz, in Birmingham,
Manchester oder Leeds geformt hatten.[149] Die Klubs wurden oft von Jung-

147 Reinhart Koselleck, Liberales Geschichtsdenken, in: Liberalismus – nach wie vor.
Grundgedanken und Zukunftsfragen, hg. v. Willy Lindner, Zürich 1979, S. 29–51, 37.
148 Clark, British Clubs, S. 473 f.
149 Simon Gunn, The Public Culture of the Victorian Middle Class. Ritual and Authority and the English Industrial City 1840–1914, Manchester 2000, Kap. 4: Clubland: The Private in the Public.

gesellen frequentiert, zumeist aber von verheirateten Männern, »those who«, in den Worten von Brian Harrison, »spent a large part of their lives as though they were bachelors«.[150] Die neunziger Jahre waren darüber hinaus der »high noon for religious activity in Britain«, welcher sich in einem unüberschaubaren Geflecht von freien Assoziationen organisierte und sozial nicht auf die gehobenen Mittelklassen, und – anders als die elitären Klubs – auf männliche Mitglieder beschränkt blieb. Insbesondere in der Arbeiterschaft besaßen die geselligen Vereine eine enorme Anziehungskraft, parallel zum Aufstieg der kommerziellen Massenkultur, etwa den *music-halls*, dem frühen Kino oder dem Sport.[151]

In den Vereinigten Staaten stieg allein die Mitgliedschaft in geheimen Gesellschaften um 1900 auf 5,4 Millionen; nach zeitgenössischen Schätzungen gehörte jeder fünfte Mann einer *fraternal order* an.[152] Eine Erhebung aus den Vereinsregistern der Adressbücher von 26 amerikanischen Städten zeigt, dass das späte 19. Jahrhundert eine Zeit ungewöhnlich kräftigen Wachstums der geselligen Vereine war. Wie schon im frühen 19. Jahrhundert verbreiteten sie sich auch jetzt vornehmlich in den lokalen Bürgergemeinden. In den rasch wachsenden Großstädten gab es, gemessen an ihrer Einwohnerschaft, einen geringeren Anteil an Assoziationen.[153]

Vieles deutet darauf hin, dass der enorme Zuwachs an geselligen Vereinen um 1890 in Europa ebenfalls die kleineren und mittleren Städte betraf. Zwar stieg auch in Großstädten die Zahl der Vereine; das Breslauer Adressbuch beispielsweise verzeichnet 1876 gut 250, 1902 etwa 650 und 1906 knapp 800 Assoziationen.[154] Doch besaßen sie aufgrund des größeren Freizeitangebots weniger Gewicht als in Kleinstädten, wo die geselligen Vereine die Kommune in ihrer Gesamtheit strukturierten. Eine ethnologischen Mikrostudie zum Vereinswesen der zwischen Mannheim und Heidelberg gelegenen Kreisstadt

150 Brian Harrison, Separate Spheres. The Opposition to Women's Suffrage in Britain, London 1978, S. 97, zit. n. Tosh, Man's Place, S. 187.

151 Joanna Bourke, Working-Class Culture in Britain, 1890–1960. Gender, Class, Ethnicity, London 1994, S. 5; sowie die exemplarische Studie zum lokalen Vereinswesen Readings zwischen 1890 und 1914 von Stephen Yeo, Religion and Voluntary Associations in Crisis, London 1976.

152 W.S. Harwood, Secret Societies in America, in: North American Review, Jg. 164, 1897, S. 617.

153 Gamm u. Putnam, Growth, 514, 533; sowie zusammenfassend zu den amerikanischen geheimen Gesellschaften um 1900: David T. Beito, To Advance the »Practice of Thrift and Economy«. Fraternal Societies and Social Capital, 1890–1920, in: Journal of Interdisciplinary History, Jg. 29, 1999, S. 585–612.

154 Till van Rahden, Juden und andere Breslauer. Die Beziehungen zwischen Juden, Protestanten und Katholiken in einer deutschen Großstadt, 1860–1925, Göttingen 2000, S. 102.

Weinheim verweist auf die ungewöhnlich große Zunahme von geselligen Vereinen nach 1890.[155] Einen noch größeren Sprung machte offenbar das Vereinswesen in französischen Provinzstädten. Von den insgesamt 275 Assoziationen, die zwischen 1860 und 1914 im nordwestlich von Lyon gelegenen Roanne gegründet wurden, entstanden fast 90 % nach 1880 und die Hälfte nach 1900. Den Großteil stellten gesellige, nicht politische oder interessengerichtete Vereine; zusammen bildeten solche lokalen Vereine das sozial-moralische Rückgrat der Dritten Republik. Unmittelbar vor der Einführung des uneingeschränkten Vereinsrechts im Jahr 1901 gab es in Frankreich nicht weniger als 45000 Assoziationen.[156]

In den Ländern, in denen die Dichte und Verflechtung freier Assoziationen geringer gewesen war, insbesondere in Österreich-Ungarn und Russland, trat jetzt eine Veränderung ein. Zunehmend prägte auch hier das Vereinswesen die lokale städtische Gesellschaft. In der österreichischen Reichshälfte verdoppelte sich die Zahl der Assoziationen in Zehnjahresschritten (1880: 14300, 1890: 30600, 1900: 59800, 1910: 103700); davon befanden sich die meisten in Böhmen (immer mehr als ein Drittel) und Niederösterreich sowie in Mähren und nach 1900 in Galizien.[157] In der nordböhmischen Stadt Aussig (Ústí nad Labem) lebten 1900 37300 Menschen, im selben Jahr betrug die Anzahl der Vereinsmitglieder mehr als 31600. 1910 war die Bevölkerungszahl auf 39300 angewachsen, jene der Vereinsmitglieder auf mehr als 47700.[158]

In Transleithanien, vor allem in Budapest, wo 1900 auf 10000 Einwohner im Schnitt 18,5 Logenbrüder kamen (zum Vergleich: der Wert für Wien betrug 5,2), stieg deren Zahl von 1158 (1886) auf 1557 (1893) und schließlich auf 2366 (1900).[159] In Prag verzeichnete das Adressbuch 1890 700, 1901 aber schon 1600 Vereine; in Preßburg in den 1880er Jahren mehr als 80, in den Jahren vor Kriegsausbruch 120 Vereine. Ein Ergebnis dieser enormen Ausweitung war der Verlust des exklusiven Charakters der geselligen Vereine. In ihnen sammelten sich jetzt nahezu alle sozialen und politischen Gruppen einer Stadt. In ihren Ansprüchen blieb freilich oft ein moralisch-elitärer Grundzug

---

155 Heinz Schmidt, Das Vereinsleben der Stadt Weinheim, Weinheim 1963, S. 30. Zu einem ähnlichen Ergebnis kommt für Marburg: Rudy Koshar, Social Life, Local Politics, and Nazism: Marburg 1880–1935, Chapel Hill 1986, S. 96. Von den 181 Vereinen, die in Marburg zwischen 1850 und 1919 gegründet wurden, bildeten sich 42,5 % zwischen 1880 und 1900.

156 Turner, Class, S. 4; Harrison, Bourgeois Citizen, S. 33.

157 Hye, Vereinswesen, S. 47.

158 Von 3084 namentlich bekannten Mitgliedern ausgewählter Vereine dieser Stadt gehörten 2037 einem, 507 zwei, 231 drei, 127 vier, 64 fünf und 172 mehr als fünf Vereinen an. Hye, Vereine in Aussig, S. 246 ff.

159 Hass, Hungarian Freemasonry, S. 87 f.

erhalten. Diese Ansprüche wurden nun auch in eigenen Vereinen parodiert. Die 1859 in Prag gegründete »Schlaraffia«, eine Vereinigung von Künstlern und Kunstfreunden, verbreitete sich seit den siebziger Jahren rasch in Österreich-Ungarn und im Deutschen Kaiserreich. Wie der Name anzeigt, versprach sie ein Märchenland, wo Milch und Honig fließen und dessen Einwohnern, denen die Faulheit die höchste Tugend ist, gebratene Tauben in den Mund fliegen; auch die Rituale der »Schlaraffia« zielten auf eine Verballhornung der Tugendideologie der Freimaurer.[160]

Hier wie andernorts in der multiethnischen Habsburgermonarchie dienten die Assoziationen jetzt dazu, Tschechen, Deutsche, Slowaken, Ungarn und Slowenen in jeweils eigenen Vereinen zu versammeln. »Die Völker gehn nicht mehr in die Kirchen. Sie gehn in nationale Vereine«, heißt es entsprechend in Joseph Roths Roman »Radetzkymarsch«.[161] Oft schloss freilich das eine das andere nicht aus. In Kärnten, wo ein Drittel der Bevölkerung Slowenen waren, deklarierten sich von den 381 bis 1880 im Vereinskataster verzeichneten Vereinen nur sieben als »slowenisch«. Erst die politischen Konflikte und das Wachsen des Nationalismus in den achtziger Jahren führten zu einer einschneidenden Veränderung. »In der Mehrzahl von Laibach [Ljubljana] aus initiiert, konstituierten sich bis 1914 im gemischtsprachigen Gebiet über hundert slowenischnationale Verbände, die weltanschaulich nicht auf liberale Grundsätze, sondern auf das katholische Weltbild fixiert waren.«[162]

Die Krise des Liberalismus in Österreich-Ungarn seit 1879 betraf nicht dessen Grundsäule: das bürgerliche deutsche Vereinsnetzwerk. Dessen räumliches und ideelles Zentrum bildete beispielsweise in Prag weiterhin das exklusive Casino. 1890 gab es in der Stadt ungefähr 130 deutschsprachige Vereine mit mehr als 25000 Mitgliedern.[163] Nicht gerechnet sind dabei die aus dem liberalen Netzwerk heraus gegründeten alldeutschen »Schutzvereine« wie der »Deutsche Schulverein«, der 1886 nach sechsjährigem Bestehen in Cisleithanien bereits mehr als 100000 Mitglieder zählte.[164] Mit der Hilfe solcher völ-

160 Eva Mannová u. Manuela Goos, Im Namen der Eule. Spaß muß (satzungsgemäß) sein! Beobachtungen zum Schlaraffia Verein in Bratislava 1879–1938, in: WerkstattGeschichte, Jg. 6, 1993, S. 35–46.

161 Joseph Roth, Radetzkymarsch, Berlin 1984, S. 222.

162 Werner Drobesch, Vereine und Verbände in Kärnten (1848–1938). Vom Gemeinnützig-Geselligen zur Ideologisierung der Massen, Klagenfurt 1991, S. 51 f.

163 Gray B. Cohen, Liberal Associations and Central European Urban Society, 1840–1890, in: The Maryland Historian, Jg. 12, 1981, S. 1–11, 7.

164 Judson, Exclusive Revolutionaries, S. 210; ders., Inventing Germanness. Class, Ethnicity and Colonial Fantasy at the Margins of the Habsburg Monarchy, in: Social Analysis, Jg. 33, 1993, S. 47–67.

kisch orientierten Vereine und Verbände hofften die Liberalen, politischen Einfluss und populäre Unterstützung zurückzugewinnen. »Particularly at the local and provincial levels, nationalism became, almost overnight, the rallying cry for German Bürger across the monarchy. With the rise of a nationalist politics, and under the threat of a more class-oriented interest politics, bourgeois liberals in provinces with ehnically mixed populations worked, however uneasily, to increase the social diversity of their base of support while maintaining their social status.«[165]

Nur wenigen bürgerlichen Vereinen wie den Turnern gelang es tatsächlich, auch andere soziale Schichten anzuziehen. Der deutsch-jüdische Schriftsteller Paul Leppin konnte dennoch vor 1914 feststellen, es gebe keine durch gemeinsame Abstammung geeinte deutsche Gemeinde in Prag, nur eine Reihe von Vereinen.[166] Umgekehrt meinte der Historiker Josef Karásek 1895, für die Tschechen Wiens seien die Vereine das, »was anderen Leuten und Völkern *Gemeinde und Staat*. Alles, was wir bisher in nationaler Hinsicht ausführen konnten, hatte seinen Ursprung in den Vereinen.«[167] Bei den sich oftmals überkreuzenden Loyalitäten in der Habsburgermonarchie konnte das weiterhin, wie Karl Bahm für den Fall des deutsch-tschechischen Handarbeiters Wenzel Holek exemplarisch gezeigt hat, auch die Teilhabe an sozialistischen *und* nationalistischen, deutschen *und* tschechischen Vereinen bedeuten.[168] Auch gab es Versuche, in den Vereinen an mehrfachen Loyalitäten festzuhalten. Während sich die Preßburger Loge »Zur Verschwiegenheit« im Jahr 1902 in ungarische und deutsche Mitglieder aufspaltete (auch wenn beide Logen sich in einem gemeinsamen Haus trafen), suchte der lokale Gesangverein (gegründet 1857) solchen ethnisch-politischen Anfechtungen zu widerstehen.[169] So präsentierte sich der Verein bei ›all‹-deutschen Sängerfesten unter seinem ungarischen Namen »Pozsonyi dalárda« mit ungarischer Kleidung und Fahne; gesungen wurden deutsche und ungarische Lieder. Im Vereinsalltag trat, zumal bei offiziellen Anlässen, das Ungarische neben das Deutsche, welches für die Mehrzahl der Mitglieder die Muttersprache war. Ungeachtet dessen sahen sie sich als ungarische Staatsbürger und Patrioten. Anders als eine gegen Ende

---

165 Judson, Exclusive Revolutionaries, S. 220.

166 Zit. n. Cohen, Germans in Prague, S. 52.

167 Zit. n. Monika Glettler, Die Wiener Tschechen um 1900. Strukturanalyse einer nationalen Minderheit in der Großstadt, München 1972, S. 74.

168 Karl F. Bahm, Beyond the Bourgeoisie. Rethinking Nation, Culture, and Modernity in Nineteenth-Century Central Europe, in: Austrian History Yearbook, Jg. 24, 1998, S. 19–35, 25.

169 Ľubomír Lipták, Slobodní murári na Slovensku v období dualizmu, in: Historický časopis, Jg. 39, 1991, S. 28–48.

des Jahrhunderts stetig wachsende Zahl von Vereinen in der österreichischen Reichshälfte benutzte keine freie Assoziation der deutschsprachigen Bürger Ungarns in ihrem Namen das Adjektiv »deutsch«.[170]

Wie schon im 18. und frühen 19. Jahrhundert fand ein Transfer von Ideen und sozialen Praktiken geselliger Vereine über staatliche Grenzen hinweg statt, nicht mehr nur ausgehend von England. Die geselligen Verein dienten den zahllosen Migranten nach Amerika oder innerhalb Europas als erste Anlaufstätte in der neuen Heimat. Ian Buruma berichtet von seinem Urgroßvater Hermann Regensburg, dass dieser noch am Tag der Ankunft in London im Jahr 1882, nach einer äußerst beschwerlichen Reise, in den deutschen Turnverein geeilt sei. Dort traf er nicht nur seinen Bruder Adolf, der Deutschland einige Jahre zuvor verlassen und sich bereits als Geschäftsmann in der Stadt etabliert hatte, sondern auch viele andere deutsche Juden.[171] Es fand ein regelrechter Export geselliger Vereinsformen über nationale Grenzen hinweg statt. Ein Beispiel ist der am Vorbild der Logen orientierte Orden »B'nai Brith«. Der Orden war von deutsch-jüdischen Emigranten 1843 in New York gegründet worden und breitete sich von dort seit den achtziger Jahren auf dem europäischen Kontinent aus, auch als eine Reaktion auf den insbesondere in Mitteleuropa grassierenden Antisemitismus.

Im Rahmen der Massenauswanderung seit den 1880er Jahren zog ca. eine halbe Million »Slowaken« (nur wenige von ihnen hätten sich zu diesem Zeitpunkt so bezeichnet), zum großen Teil aus der ländlichen Bevölkerung, in die USA. Dort gründeten sie, wie nahezu alle anderen Immigrantengruppen auch, eigene gesellige Vereine und begannen, sich nun tatsächlich im ethnischen Sinne als Slowaken anzusehen. Ungefähr ein Viertel bis ein Drittel kehrte mit dieser Erfahrung wieder in ihre Heimat zurück.[172] Tschechische Arbeiter, die in unmittelbarer Nähe jenseits der Grenze in den sächsischen Industrieregionen Arbeit fanden, gründeten ebenfalls eigene Vereine. Schon in den siebziger Jahren entstand in Dresden der Verein »Vlastimil«, der als Modell tschechischer Vereine im Gebiet des Deutschen Kaiserreichs diente. Im Jahr 1909 gab es in Dresden sieben tschechische Vereine, darunter einen Zweigverein der nationalistischen Sokol-Turnbewegung, der allein mehr als zweihundert Mitglieder zählte. Diese Vereine bemühten sich darum, den kul-

170 Eva Mannová, Identitätsbildung der Deutschen in Preßburg/Bratislava im 19. Jahrhundert, in: Halbasien. Zeitschrift für deutsche Literatur und Kultur Südosteuropas, Jg. 2, 1995, S. 60–76, 70; dies., Vereinswesen in der Slowakei, S. 4.

171 Ian Buruma, Voltaire's Coconuts or Anglomania in Europe, London 1999, S. 180.

172 Mannová, Vereinswesen und nationale Differenzierung, S. 476; sowie als Beispiel aus der Fülle der amerikanischen Studien zum Thema: Daniel Soyer, Jewish Immigrant Associations and American Identity in New York 1880–1939, Cambridge, Mass. 1997.

turellen und politischen Kontakt mit der Heimat über die Grenze hinweg zu halten. So fanden gemeinsame Feste mit Vereinen in Böhmen statt. Viele tschechische Arbeiter schlossen sich dennoch einfach den deutschen Vereinen vor Ort an.[173]

Die Sokol-Turnvereine nahmen auch in den Vereinigten Staaten eine Schlüsselrolle für ein eigenständiges Vereinsnetzwerk der tschechischen Immigranten ein. Bereits Mitte der sechziger Jahre hatten sich in St. Louis, Chicago, New York und anderen Zentren tschechischer Einwanderung Sokol-Vereine gebildet; 1884 zählten sie ungefähr 1000, 1908 mehr als 5000, nach dem Ersten Weltkrieg schließlich mehr als 10 000 Mitglieder.[174] Wie andere national-ethnische Vereine versuchten sie, die gewohnten sozial-kulturellen Praktiken und politisch-moralischen Ideen der neuen Umgebung anzupassen, was wiederum zu Konflikten mit Sokol-Funktionären in der alten Heimat führte. Zwar fühlten sich auch die amerikanischen Turnvereine dem politisch-moralischen Anspruch der Sokol-Bewegung verpflichtet, sich körperlich und moralisch zu bilden, um auf eine Reform des einzelnen wie der Gesellschaft hinzuwirken. In praktischen Fragen gingen sie aber neue Wege. Zum Beispiel schafften die Führer des Chicagoer Turnvereins 1878 die militärisch anmutende, pompösen Sokol-Uniform ab und ersetzten sie durch einen einfachen blauen Anzug, einem Gürtel mit dem Sokol-Symbol, weißem Hemd, rotem Schlips und schwarzer Mütze, um sich dem amerikanischen Geschmack anzupassen. Für Sokol-Funktionäre aus Österreich-Ungarn, welche die Auslandsvereine besuchten, war die Tatsache gravierender, dass viele der neuen Zweigvereine, wie in amerikanischen Vereinen üblich, auch als Versicherungsgesellschaften fungierten – in ihren Augen ein klarer Bruch mit der Tradition. Auch innerhalb der amerikanischen Sokol-Vereine drängten jüngere Mitglieder erfolgreich auf eine Rückkehr zu den rein geselligen und politisch-moralischen Zielen der Bewegung. Eine Delegation der Sokol-Vereine Österreich-Ungarns, angeführt von ihrem Präsidenten Josef Scheiner, die 1909 die Zweigvereine in Chicago und anderen amerikanischen Städten besuchte, war dennoch schockiert vom Ausmaß der kulturellen Assimilation der lokalen Sokol-Vereine. »Am schmerzvollsten war für uns«, notierte Scheiner in seinem Reisebericht, »der englische Slang, der leider auf dem ganzen Übungsfeld zu hören war, so als wären wir

---

173 Caitlin Murdock, ›The Leaky Boundaries of Man-Made-States‹. States, Nations, Regions, and Daily Life in the Saxon-Bohemian Borderlands, 1870–1938, Diss. Stanford 2003, Kap. 1. Ein anderes Beispiel wären die zahlreichen Vereine der polnischen Einwanderer ins Ruhrgebiet.

174 Claire E. Nolte, Our Brothers Across the Ocean. The Czech Sokol in America to 1914, in: Czechoslovak and Central European Journal, Jg. 11, 1993, S. 15–37, 15.

nicht unter unseres gleichen. Unsere Herzen taten weh, als wir unsere Jungs aus Plzeň, Čáslav oder Písek in Englisch reden hörten, sich auf Englisch zurufend; wir trauten unseren Ohren kaum. So haben wir uns Sokol nicht vorgestellt. Hierfür gibt es keine Entschuldigung – es ist ein Verrat an der Nation, der in unseren Reihen keinen Platz haben darf.«[175] Dass die amerikanischen Sokol-Vereine sozial weniger exklusiv und folglich, in den Augen Scheiners, ihre Mitglieder weniger gebildet waren, galt ihm als Erklärung für diesen »Verrat«, nicht aber die offensichtliche Tatsache, daß selbst nationale Vereine mit äußerlich gleichen Ideen und Praktiken neue Formen annehmen, sobald sie sich, wie am Ende des 19. Jahrhunderts in bis dahin ungekanntem Ausmaß geschehen, transnational verbreiteten.

Viktorianische Reformvereine wie die Bildungsvereine oder die »Temperance Movement« erreichten nun mit ihrer Botschaft der moralischen Erziehung und alkoholischen Enthaltsamkeit sogar Russland. Oft, wie im Falle der Mäßigkeitsvereine, die in den Jahren vor 1914 nicht weniger als 100 000 Mitglieder für ihre Ziele begeistern konnten, speiste sich der Reformimpuls aus Zweifeln an der Legitimität des autokratischen Regimes.[176] Bürgerliche Frauen spielten wie in anderen Vereinen zur Sozialreform (z. B. zur Bekämpfung der Prostitution) in ihnen eine eigenständige Rolle. Russische und englische Feministinnen gründeten 1900 die »Russische Gesellschaft zum Schutz der Frau« (»Rossijskoe obščectvo zaščity ženščin«), die mit Ärzten und Anwälten zusammenarbeitete. Prostitution und Alkoholismus galten als Probleme, die nicht vom Staat, sondern durch die soziale und moralische Selbsttätigkeit der Gesellschaft gelöst werden müssten.[177] Ein anderes sozialreformerisches Beispiel ist die Festspielbewegung, ebenfalls ein übergreifendes Phänomen des ausgehenden 19. Jahrhunderts. Ihre russischen Protagonisten, die ausnahmslos den gebildeten Schichten angehörten, hofften mit der Aufführung von Laienspielen auf dem Lande die weitgehend analphabetische Bevölkerung politisch-moralisch zu erziehen.[178] In diesen Zusammenhang gehören auch die Wohltätigkeitsvereine, die zu dieser Zeit noch einmal dramatische Zuwächse verzeichneten. Mehr als die Hälfte der im frühen 20. Jahrhundert vom Staat

175 Josef Scheiner, Sokolská výprava do Ameriky r. 1909, Prag 1910, S. 82–84, zit. n. Nolte, Brothers, S. 29.

176 Patricia Herlihy, The Alcoholic Empire. Vodka and Politics in Late Imperial Russia, Oxford 2002, S. 8.

177 Bianka Pietrow-Ennker, Rußlands ›neue Menschen‹. Die Entwicklung der Frauenbewegung von den Anfängen bis zur Oktoberrevolution, Frankfurt 1999, S. 330.

178 Gary Thurston, The Popular Theatre Movement in Russia 1862–1919, Evanston, Ill. 1998. Zum Vergleich: David Glassberg, American Historical Pageantry. The Uses of Tradition in the Early Twentieth Century, Chapel Hill 1990.

gezählten 2200 Wohltätigkeitsvereine Russlands konstituierten sich nach 1890.[179] Sie befanden sich vornehmlich in den Provinzhauptstädten des europäischen Teils Russlands, östlich von Polen und westlich des Urals. Die Dunkelziffer wird noch weit höher gelegen haben, denn viele Wohltätigkeitsvereine der nationalen Minderheiten, besonders der Juden, fanden keinen Eingang in die staatliche Zählung. Der Staat tolerierte zwar jüdische, polnische oder armenische Wohltätigkeitsvereine, verlangte aber oft den Gebrauch der russischen Sprache und die Zusendung der monatlichen Berichte. Gleichwohl war die Wohltätigkeit in Russland bis zum Ende des Zarenreichs weitgehend eine Domäne privaten Engagements in geselligen Vereinen. »Never was I in a country«, meinte eine englische Reisende im Jahr der Revolution von 1905, »where there are so many private institutions for the benefit of the poor«.[180]

Aus Paris kamen russische Freimaurer, die sich auf Geschäftsreisen in die dortigen Logen hatten aufnehmen lassen. Im Jahr 1905 gab es im Zuge der politischen Umwälzung Versuche von liberalen Kreisen, erneut Logen in St. Petersburg und Moskau zu gründen; in den Folgejahren sammelten sich unterschiedliche politische Kreise des Bürgertums in den russischen Logen, die im weitesten Sinne der Wunsch nach Abschaffung der alten Ordnung und der Etablierung eines bürgerlichen Verfassungsstaates einte. Diese neuen Logen, die sich rasch von St. Petersburg und Moskau aus in andere Städte wie Odessa, Kiew und Nižnij Novgorod verbreiteten, standen unter der Patronage des »Grand Orient de France«. Wie ihre französischen Brüder waren sie kämpferisch laizistisch und politisch eingestellt und verwarfen den protestantischen Ritualismus der englisch- und deutschsprachigen Freimaurerei. Seit 1909 gab es auch eine konservativere Richtung in der russischen Freimaurerei, die an die St. Petersburger Großloge »Asträa« aus dem 18. Jahrhundert anknüpfen wollte und politisch wie die deutschen Großlogen und die »Grand Lodge of England« der konstitutionellen Monarchie nahe stand. 1913 existierten 40 Logen mit ungefähr 400 Mitgliedern in Russland – angesichts ihrer elitären Zusammensetzung keine geringe Zahl, die bis zur Revolution weiter stieg. Die Logen waren zudem vielfältig verknüpft, z. B. mit der »Freien Ökonomischen Gesellschaft« in St. Petersburg, der Friedensbewegung, aber auch mit dem Spiritismus. Partielle personelle Überschneidungen zwischen liberalbürgerlicher Bewegung und Freimaurerei (Kerenski, Nekrasov, Tereščenko und andere spätere Minister der Provisorischen Regierung waren Freimaurer)

---

179 Lindenmeyr, Charity, S. 198.
180 Edith Sellers, Official Poor Relief in Russia. A ›Topsyturvy‹ System, in: The Nineteenth Century, Jg. 57, 1905, S. 1029, zit. n. Lindenmeyr, Charity, S. 230.

haben als Anlass gedient, die gesamte liberale und sozialistische Bewegung als von den Logen gesteuert zu denunzieren.[181]

Die russische Gesellschaft besaß im ausgehenden Zarenreich eine öffentliche Sphäre des Gesellschaftlichen, die der zeitgenössische Begriff *obeščestvennost'* bezeichnete.[182] Nicht nur für Österreich-Ungarn oder Deutschland (nach Aufhebung des Sozialistengesetzes im Jahr 1890), sondern auch für Russland gilt, dass der Staat von seinem Recht der polizeilichen Aufsicht über die geselligen Vereine der lokalen Gesellschaft nur noch selten oder höchst nachlässig Gebrauch machte, so lange sie nicht offen politisch agierten.[183] Insbesondere nach der Revolution von 1905 und dem ersten, noch immer eingeschränkten Vereinsgesetz im darauffolgenden Jahr vergrößerte sich die Zahl der Assoziationen rapide. Nach Schätzungen des wohl besten zeitgenössischen Kenners des russischen Vereinswesens, Nikolaj Anufriev, entstanden allein zwischen 1906 und 1909 4800 neue Vereine und Gesellschaften.[184] 1897 wurden in St. Petersburg 400, 1912 in Moskau mehr als 600 verschiedene Vereine registriert, darunter z.B. eigene Museumsgesellschaften, die gemeinhin als klassische Verkörperung des Zusammenhangs von Bürgerlichkeit und der Idee moralischer Verbesserung durch Bildung gelten.[185] Die Vereinsleidenschaft erreichte auch die verschlafeneren Provinzstädte, wenn auch im vergleichsweise bescheidenem Maße. Einige elitäre Vereine, die dort lange Zeit eine Monopol-

181 Ludwik Hass, The Russian Masonic Movement in the Years 1906–1918, in: Acta Poloniae Historica, Jg. 48, 1983, S. 95–131.

182 Hildermeier, Zivilgesellschaft, S. 130; sowie Manfred Hagen, ›Obshchestvennost‹. Formative Changes in Russian Society before 1917, in: Sbornik, Jg. 10, 1984; David Wartenweiler, Civil Society and Academic Debate in Russia 1905–1914, Oxford 1999, S. 111–117.

183 Hye, Vereine in Aussig, S. 244; sowie, exemplarisch die jährlichen Polizeiberichte für Leipzig seit 1896 auswertend: Marven Krug, Reports of a Cop. Civil Liberties and Associational Life in Leipzig During the Second Empire, in: James Retallack (Hg.), Saxony in German History. Culture, Society, and Politics 1830–1933, Ann Arbor 2000, S. 271–286. »Aufgrund des *maloljudstvo* [personelle Unterbesetzung] waren die Behörden nicht imstande, die russische Vereinslandschaft zu kontrollieren. So kam es immer wieder vor, daß Ministerien erst nach Jahren bemerkten, daß Vereine ihnen keine Rechenschaftsberichte zugestellt hatten. Insofern konnte die Mehrheit der Vereine ungehindert und unbeobachtet ihre Tätigkeit verfolgen.« Häfner, Gesellschaft, S. 191.

184 Ebd., S. 221 f.

185 Joseph Bradley, Voluntary Associations, Civic Culture, and *Obshchestvennost'* in Moscow, in: Edith W. Clowes u. a. (Hg.), Between Tsar and People. Educated Society and the Quest for Public Identity in Late Imperial Russia, Princeton 1990, S. 131–48; ders., Merchant Moscow After Hours: Voluntary Associations and Leisure, in: James L. West u. Juri A. Petrov (Hg.), Merchant Moscow. Images of Russia's Vanished Bourgeoisie, Princeton 1997, S. 133–143; ders., Subjects into Citizens; sowie allg. A.D. Stepanskij, Obščestvennye organisacii v Rossii na rubeže XIX-XX v., Moskau 1982.

stellung innerhalb der lokalen Gesellschaft eingenommen hatten wie die Kaufmannsklubs, wurden für ihre Exklusivität kritisiert und erhielten Konkurrenz. In Saratov existierten vor 1850 nur zwei, 1899 37 und 1914 111 Assoziationen vom Esperanto-Klub bis zum Vegetarierverein. Die an der Wolga gelegene Gouvernementsstadt Kazan' zählte Anfang 1914 190 000 Einwohner; das knappe Dutzend geselliger Vereine freilich nur etwa 2000 Mitglieder. Der prominenteste Verein, der »Neue Klub«, war entsprechend sozial exklusiv. Umso bemerkenswerter war seine konfessionelle bzw. ethnisch-nationale Toleranz: Russisch-Orthodoxe trafen hier auf altgläubige Russen, katholische Polen auf mosaische sowie zur russisch-orthodoxen Kirche konvertierte Juden, evangelisch-lutherische und reformierte Deutsche auf muslimische Tataren.[186] Andere, sozial weniger exklusive Assoziationen, die hier nicht behandelt werden können, etwa die ökonomischen Zwecken dienenden Gegenseitigen Hilfs- und Konsumvereine, erlebten im ausgehenden Zarenreich ebenfalls einen enormen Zulauf.[187] »Schon mit der Tatsache ihrer Existenz bestritten die gesellschaftlichen Organisation das traditionelle Recht des Staates, allein die Interessen des Bevölkerung zu vertreten.«[188] Die lokale Gesellschaft der russischen Städte war, wie Guido Hausmann resümiert, »ein fluides Geflecht, das auf persönlichen Netzwerken, informellen geselligen Formen wie auf Assoziationen und der städtischen (und landschaftlichen) Selbstverwaltung beruhte, sich legale wie nichtlegalisierte oder illegale sowie private wie

186 Häfner, Gesellschaft, S. 194f.; ders., Der »Neue Klub« in Kazan', 1900 bis 1913. Kristallisationspunkt lokaler »Gesellschaft«, in: Guido Hausmann (Hg.), Gesellschaft als lokale Veranstaltung. Selbstverwaltung, Assoziierung und Geselligkeit in den Städten des ausgehenden Zarenreiches, Göttingen 2002, S. 377–403. Ein anderes Beispiel wäre der 1906 gegründete »St. Petersburger Deutsche Bildungs- und Hilfsverein«, dessen Versuch, eine nationalistische Sammlungsbewegung der deutsche Bevölkerung der Stadt zu bilden, scheiterte, da es für viele Deutsche attraktiver war, am allgemeinen Vereinswesen der Stadt teilzuhaben. In einem Bericht des Vereins aus dem Jahr 1914 heißt es: »Wie sich herausgestellt hat, gibt es in St. Petersburg trotz seiner großen deutschen Bevölkerung wenige Deutsche, die dem Bildungs- und Hilfsverein allein deshalb beitreten, weil er deutsch ist, weil sie als Deutsche zu ihm gehören. Man muß im Gegenteil feststellen, daß viele Deutsche – im Zustand nationaler Verschreckung und Versklavung – dem Verein gerade deswegen fern bleiben, weil er ein *deutscher* ist. Andere entschließen sich um der kulturellen Verdienste des Vereins oder bestimmter Vorteile willen ihre Zugehörigkeit zu bekennen, *obgleich* er ein deutscher ist.« Zit. n. Busch, Vereinswesen, S. 56 f.

187 Jacob Walkin, The Rise of Democracy in Pre-revolutionary Russia. Political and Social Institutions Under the Last Three Czars, New York 1962, S. 147; Victoria E. Bonnell, Roots of Rebellion. Workers' Politics and Organisations in St. Petersburg and Moscow, 1900–1914, Berkeley 1993.

188 A.S. Tumanova, Obščestvennye organizacii g. Tambova na rubeže XIX-XX vekov (1900–1917 gg.), Tambov 1999, S. 133.

öffentliche Orte suchte und schuf«.[189] Einige dieser Assoziationen konnten im ausgehenden Zarenreich Festschriften zu ihrem fünfzig- oder sogar hundertjährigen Jubiläum vorlegen.

Spannt man den zeitlichen Bogen von der Mitte des 18. bis zum frühen 20. Jahrhundert, kann man für das 18. Jahrhundert und – von West nach Ost zeitlich verschoben – für das 19. Jahrhundert die Herausbildung von »geselligen Gesellschaften« innerhalb der bestehenden politischen Ordnung der kontinentaleuropäischen *Anciens Régimes* feststellen; vor 1914 sind nunmehr alle Bereiche zumindest der städtischen Gesellschaft gesellig organisiert, ungeachtet der Tatsache, dass die Mehrzahl der kontinentaleuropäischen Staaten politisch nicht als Demokratien, sondern als konstitutionelle Monarchien verfasst war.[190] Von einem Niedergang des Assoziationswesens in der zweiten Hälfte des 19. Jahrhunderts kann mithin keine Rede sein. Die geselligen Gesellschaften Europas und der Vereinigten Staaten beweisen vielmehr das genaue Gegenteil und verdeutlichen, dass es sich bei dem Impuls einer sozial-moralischen Verbesserung der Welt durch die Assoziation um ein gemeineuropäisch-transatlantisches Phänomen handelt, das diese Gesellschaften in dem Jahrhundert vor 1914 enger miteinander verknüpft, als es der zeitgenössische Nationalismus und die Erfindung nationaler Sonderwege seit 1914 vermuten lässt.

Zeugt die Verbreitung des Assoziationsprinzips von den Erfolgen liberaler Ideen und Praktiken, mehren sich aber um 1900 die kritischen Stimmen zur »Vereinsmeierei« der Zeit – nicht nur von christlich-konservativer, sondern deutlich auch von bürgerlich-liberaler Seite. Gewiss hatte es solche Kritik, oft von Intellektuellen, gegen den (spieß-)bürgerlichen Verein immer gegeben. So klagte etwa Charles Baudelaire über »das Leben im englischen Stil, – dieser Tod des Herzens – das Leben der Clubs und Zirkel«. »At the name of a society«, schreibt sein amerikanischer Zeitgenosse Ralph Waldo Emerson, »all my repulsions play, all my quills rise and sharpen.« Seiner Meinung nach kämen Männer in geselligen Vereinen nach dem Prinzip zusammen: »I have failed, and you have failed, but perhaps together we shall not fail.«[191] Jetzt er-

189 Vgl. Hausmann, Stadt und lokale Gesellschaft, S. 123; Hildermeier, Zivilgesellschaft, S. 130.

190 Vgl. allg. Martin Kirsch, Monarch und Parlament. Der monarchische Konstitutionalismus als europäischer Verfassungstyp, Göttingen 1999.

191 Charles Baudelaire, Die Tänzerin Fanfarlo, Heidelberg 1977, S. 34, zit. n. Maurice Aymard, Freundschaft und Geselligkeit, in: Philippe Ariès u. Georges Duby (Hg.), Geschichte des privaten Lebens, Bd. 3: Von der Renaissance bis zur Aufklärung, Frankfurt 1991, S. 451–495, 479; Robert M. Gay, Emerson, Garden City, New York 1928, S. 142; Ralph W. Emerson, Works, Boston 1883–1887, Bd. 3, S. 252, beide zit. n. Schlesinger, Nation of Joiners, S. 20.

greift die kritische Ablehnung auch Teile jener gebildeten Schichten, die an die moralische Utopie einer Verbesserung des Menschen, seiner Erziehung zu Tugend und Gemeinsinn im geselligen Austausch mit anderen geglaubt hatten und die sich von den politisch-moralischen Folgen der Verallgemeinerung und der zahlenmäßigen Explosion der Vereine ernüchtert zeigten. Je mehr sich das Vereinswesen ausweitete und auch jene zuvor ausgeschlossenen Gruppen erfasste, desto mehr schien dieser Anspruch und mit ihm das Vertrauen in die politische Macht der Tugend und Versittlichung unglaubwürdig. »Skatklub bleibt Skatklub, auch wenn er sich ›Skatklub Freiheit‹ nennt« heißt es etwa verächtlich bei Robert Michels im Jahr 1906 mit Blick auf das vermeintliche Spießbürgertum der unzähligen neuen Arbeiterkulturvereine.[192] Nicht das Assoziationswesen befand sich am Ende des Jahrhunderts in der Krise, sondern die mit ihm verbundene politisch-moralische Gesellschaftsvision, die Tocqueville eindringlich formuliert hatte. »The proliferation of associations was«, wie Adrian Lyttelton für die italienische Gesellschaft festgestellt hat, »not matched by a reinforcement of the *values* of civil society«.[193] Die Pluralisierung der sozialen Trägerschaft der »geselligen Gesellschaft« hatte die Fragmentierung ihres Anspruchs auf Gemeinsinn und politisch-moralischer Führung zur Folge.

Diese Desintegration und Pluralisierung des Anspruchs auf Tugend, Geselligkeit und moralische Verbesserung war aber ein Resultat der sozialen Demokratisierung, nicht ihr Gegenteil. Aus den Arbeitervereinen, die in England, Frankreich und Deutschland zunächst der sozialen Reform und moralischen »Verbesserung« der arbeitenden Bevölkerung unter der Aufsicht liberaler Bürger dienten, entstand in der zweiten Jahrhunderthälfte eine eigene gesellige Gegenkultur, die sich dieser Aufsicht entzog und selbst Vorstellungen der Zivilisierung und Disziplinierung vertrat.[194] »A workman's club«, formulierte B.T. Hall, einer der englischen Führer dieser Bewegung im Jahr 1912,

192 Robert Michels, Die deutsche Sozialdemokratie [1906], in: ders., Masse, Führer, Intellektuelle, Frankfurt 1987, S. 99–131, 119.

193 Adrian Lyttelton, Liberalism and Civil Society in Italy: From Hegemony to Mediation, in: Nancy Bermeo u. Philip Nord (Hg.), Civil Society before Democracy. Lessons from Nineteenth-Century Europe, Boston 2000, S. 61–81, 79.

194 Vgl. u. a. Vernon Lidtke, The Alternative Culture. Socialist Labor in Imperial Germany, New York 1985; Price, Working Men's Club Movement; sowie Patricia R. Turner, Hostile Participants? Working-Class Militancy, Associational Life, and the »Distinctiveness« of the Prewar French Labor Movement, in: Journal of Modern History, Jg. 71, 1999, S. 28–55, die zeigt, dass die französischen Arbeiter zwar keine in sich geschlossene »alternative« Vereinskultur wie die deutsche Sozialdemokratie hervorbrachten, dafür aber in den allgemeinen geselligen Vereinen der lokalen Gesellschaft öfter vertreten waren.

»is the best school for character which can exist anywhere [...] for work-men [...] it is the only possible school. Few go to church or chapel [...] Friendly Society or Trade Union [...] meetings are but casual. Only in a club is there that continuous association, the constant practice of deference to others, the willing obedience to self-made rules, the necessity for, and the expectation of mutual courtesy, the unconscious elevation of the standard of comfort, the even less conscious widening of thought and habit, and the per-sonal brightening and purifying which arises in happy surroundings, and in freedom from those which are squalid and sordid – in all indeed which is necessary to the making of the ›gentleman‹ in the word's truest sense.«[195] An-dere nicht-bürgerliche Assoziationen, wie die »Friendly Societies« oder die Konsum-Vereine, verzichteten nicht nur in England im letzten Drittel des Jahrhunderts zunehmend auf ein eigenes geselliges Leben und fungierten er-folgreich ausschließlich als Versicherungsunternehmen.[196]

Umso größer war die Bedeutung der geselligen Arbeitervereine. Selbst das zwölfjährige Verbot der geselligen Vereine der Sozialdemokratie von 1878 bis 1890 hat im Deutschen Kaiserreich diesen Trend nicht aufhalten können, ihn vielmehr ungewollt noch verstärkt, wie die explosive Vermehrung einer alle möglichen Vereinszwecke umfassenden geselligen Gegenkultur der Arbeiter nach 1890 zeigt. Fast jeder bürgerliche Turn-, Gesangs-, Samariter-, Abstinen-ten-, Gesundheits-, Ruder- oder Theaterverein besaß sein organisatorisches Spiegelbild in der Arbeitervereinskultur. »Beinahe wie selbstverständlich übernahmen Arbeiter und Arbeiterbewegung damit zugleich das repräsenta-tiv-demokratische Muster der Willensbildung und Entscheidungsfindung, also jene Verfahrenstechnik im Verein, mittels derer die Vereinsziele erfüllt, die Vorstände gewählt und auf Zeit mit einem im Sinne der Verfolgung von Vereinszielen unbeschränkten Mandat versehen wurden.«[197]

Ein weiteres Moment der Demokratisierung kam hinzu. Die frühe Massen-kultur füllte die Freizeit mit neuen klassenübergreifenden Kulturformen, die sich oft vereinsförmig organisierten. Im letzten Drittel des Jahrhunderts hatte insbesondere der Aufstieg des Sports entscheidenden Anteil an der explo-sionsartigen Zunahme der Vereine. Wiederum handelt es sich um einen all-gemeinen Vorgang, mit England als Ausgangspunkt. Die politischen und kommerziellen Verflechtungen des Britischen Empire sorgten für eine rasche Verbreitung der neuen Sportbegeisterung, wie sich etwa für den Einfluss des

195 B.T. Hall, Working Men's Clubs. Why and How to Establish and Manage Them, London 1912, S. 6f., zit. n. Price, Working Men's Club Movement, S. 124.

196 Gosden, Friendly Societies, S. 211.

197 Ritter u. Tenfelde, S. 831.

englischen Weinhandels auf die Popularität von Rugby in Bordeaux zeigen lässt.[198] Jugendliche, denen gemeinsam mit den Frauen lange der Zugang zur Vereinsgeselligkeit versperrt geblieben war, nahmen wie selbstverständlich an der Sportgeselligkeit teil. Eine neue Jugendkultur entstand, die sich zunächst vereinsförmig etwa in den »Boy Scouts« oder den deutschen »Wandervögeln« organisierte und zu der wie selbstverständlich die körperliche Ertüchtigung gehörte.

Gewiss fehlte es nicht an Versuchen der Mittelklassen, auf das frühe Kino, die Jugendorganisationen oder den Sport die Idee moralischer Verbesserung und sozialer Reform zu übertragen. Die Hinwendung zur körperlichen Ertüchtigung bedeutete nicht notwendig eine Abkehr von der Idee des *moral improvement*. Der Sport sollte die Jugend des Viktorianischen England ebenso körperlich für höhere Ziele fit machen wie die deutschen, tschechischen oder französischen Turner, die in jener Zeit einen enormen Zulauf erlebten.[199] Der 1887 gegründete Radfahrerverein »Wanderer« im böhmischen Aussig bezeichnete beispielsweise den Radsport hochgespannt als »Wirken für die Menschheit [...] in physischer und in der Folge auch moralischer Bedeutung«.[200] Dennoch enthielt die Sportgeselligkeit neue Tendenzen, die über die bürgerliche Vereinsidee hinauswiesen, etwa ein zusehends eugenisch geprägtes Menschenbild permanenter körperlicher Verbesserung und Gesundheit. Die Sportgeselligkeit wurde, insbesondere seit den neunziger Jahren, Teil einer Kommerzialisierung der Freizeit und erfasste alle soziale Schichten. Als jedermann Rad fuhr, verloren die exklusiven Radfahrvereine viel von ihrer Faszination für die bürgerlichen Mittelklassen.[201]

Nicht nur Besitz und Bildung, sondern auch Konfession und Geschlechtszugehörigkeit hatten als Barriere der geselligen Vereine vor ihrer sozialen Demokratisierung gegen Ende des 19. Jahrhunderts gedient. Bis dahin gehörte der Ausschluss von Frauen in der Regel ebenso zu den Praktiken der exklusiven bürgerlichen Vereine und Klubs wie die Gleichsetzung von Bürger-

---

198 Holt, Sport and Society, S. 68 f.; sowie für Deutschland: Christiane Eisenberg, »English Sports« und deutsche Bürger. Eine Gesellschaftsgeschichte 1800–1939, Paderborn 1999.

199 J.A. Magnan, Athleticism in the Victorian and Edwardian Public School, Cambridge 1981. Allein der Mitgliederbestand der »Deutschen Turnerschaft« stieg kurz vor Ausbruch des Ersten Weltkrieges auf 1,4 Millionen in fast 11 500 Vereinen, die Arbeiterturnvereine mit ihren 200 000 Mitgliedern in 2300 Vereinen nicht gerechnet. In Frankreich zählte die »Union des Sociétés Françaises de Gymnastique« zur gleichen Zeit etwa 300 000 Mitglieder. Holt, Sport and Society, S. 40; allg. Arnaud (Hg.), Gymnastique.

200 Hye, Vereine in Aussig, S. 252.

201 Jon Lowerson, Sport and the English Middle Classes, 1870–1914, Manchester 1993.

tugend und Männlichkeit.[202] Jetzt gründeten Frauen eine große Zahl neuer, eigener Vereine, die sozial-moralische Ansprüche etwa im Bereich der Wohltätigkeit und Sozialfürsorge erhoben und das bestehenden Netzwerk der Frauenvereine erweiterten. Darüber hinaus begann sich die soziale – und um 1900 auch die politische – Frauenbewegung transnational zu organisieren.

Die liberale Idee des Vereins als »geselliger Macht« wurde nicht nur von der Arbeiter- und Frauenbewegung aufgegriffen. Auch der europäische Katholizismus, aus der zeitgenössischen Sicht der wichtigste Gegner des Liberalismus, bediente sich jetzt der Assoziationen zur sozial-moralischen Milieubildung bis hinein in die ländliche Bevölkerung als Schutz gegen den Zugriff des säkularen Staates. Im Jahr 1907 heißt es in einer vom Reichsverband der christlichen Arbeiter Österreichs herausgegebenen Schrift: »Jeder Katholik soll sich einem Vereine anschließen und jeder Katholik hat auch das Bedürfnis, sich einem Vereine anzuschließen, wenn er recht erkannt hat, daß es nicht nur Pflicht ist, für seine eigene Seele zu sorgen, sondern auch mitzuarbeiten am Seelenheil anderer.«[203] 1880 zählten die siebzehn wichtigsten städtischen katholischen Vereine 47,5 % aller Salzburger Vereinsmitglieder; zusammen mit den acht Prozent der beiden Veteranenverbände hatten die katholisch-konservativen Vereine gegenüber den liberalen ein Übergewicht gewonnen.[204] Ein solche numerische Dominanz erreichte die katholische Vereinsbewegung in Frankreich und im Deutschen Kaiserreich nicht. Dafür schloss sie die katholische Bevölkerung, auch unter dem Eindruck des republikanischen und national-liberalen Antikatholizismus, nun umso enger zusammen. Josef Mooser schätzt, dass nach 1900 ungefähr ein Drittel bis zur Hälfte der katholischen Bevölkerung des Deutschen Kaiserreichs Mitglied in einem Verein war.[205] Ein Großteil dieser Vereine hatte sich erst nach dem Kulturkampf der siebziger Jahre gebildet. Die Gleichzeitigkeit von sozialem Ausschluss und einer zunehmenden Konkurrenz in den moralischen Ansprüchen hat in all den hier betrachteten Gesellschaften im Laufe des 19. Jahrhunderts die Verbreitung der

---

202 Vgl. beispielhaft aus der Fülle der Literatur: Pieter M. Judson, Die unpolitische Bürgerin im politisierenden Verein. Zu einigen Paradoxa des bürgerlichen Weltbildes im 19. Jahrhundert, in: Stekl u. a. (Hg.), Bürgertum in der Habsburgermonarchie, S. 337–345.

203 Hye, Vereinswesen, S. 47.

204 Hanns Haas, Salzburger Vereinskultur im Hochliberalismus (1860–1870), in: ders. (Hg.), Salzburg zur Gründerzeit. Vereinswesen und politische Partizipation im liberalen Zeitalter, Salzburg 1994, S. 79–114, 105.

205 Josef Mooser, Das katholische Milieu in der bürgerlichen Gesellschaft. Zum Vereinswesen des Katholizismus im späten Deutschen Kaiserreich, in: Olaf Blaschke u. Frank-Michael Kuhlemann (Hg.), Religion im Kaiserreich. Milieus-Mentalitäten-Krisen, Gütersloh 1996, S. 59–92, 75.

geselligen Vereine befördert und zugleich den liberalen Glauben an ihre politisch-moralische Bedeutung in Zweifel gezogen.

Der Zusammenhang zwischen dem Assoziationsprinzip und dem Anspruch, das allgemeine Beste zu vertreten, geriet, wie im vorangegangenen Kapitel geschildert, zusätzlich aufgrund eines weiteren zwiespältigen liberalen Erfolges unter Druck: des Aufstiegs der Nation als politischer Ordnungsidee. Zwar ermöglichte, wie Pieter Judson festgestellt hat, die Fortdauer des Vereins als Modell der öffentlichen Partizipation das Überleben liberaler Praktiken und Ideen im Zeitalter nationalistischer Massenpolitik. Die soziale Demokratisierung und zahlenmäßig Ausweitung des Vereinslebens machte aber die bürgerlichen Eliten nicht nur Österreich-Ungarns empfänglich für einen neuen, radikaleren Nationalismus, um wieder jenen politisch-moralischen Führungsanspruch vertreten zu können, den früher ihre herausragende Position in den Vereinen der lokalen Bürgergesellschaft garantiert hatte.[206] Der radikale Nationalismus, wie auch der »Ethnizismus« an der Schwelle zum 20. Jahrhundert ein internationales Phänomen, richtete sich nicht notwendig gegen Vernunft, Wissenschaft oder Demokratie. Er war vor allem eine Umdeutung des frühliberalen Glaubens an die moralische Verbesserung der Menschheit, ihren Fortschritt, jener Glauben also, der den Kern der geselligen Utopie gebildet hatte. Der radikale Nationalismus war in diesem Sinne sowohl ein Erbteil der liberalen Vereinsidee als auch ein Ausdruck ihrer Umwandlung in eine andere, moderne Form politischer Willensbildung.[207]

Das gilt auch für den Internationalismus, der vor dem Ersten Weltkrieg eine Blütezeit erlebte.[208] In jenen Jahren entstand eine Vielzahl internationaler Organisationen, die oft aus den transnationalen Wissenschafts-, Sport-, Kultur-, Sozialreform-, oder Hygienevereinen hervorgegangen waren. Diese hat-

206 Judson, Exclusive Revolutionaries, S. 265; sowie allg. Mária M. Kovacs, Liberal Professions and Illiberal Politics. Hungary from the Habsburgs to the Holocaust, Oxford 1994, Kap. 2.

207 »The authoritarianism of the National Democratic movement was not a conservative reaction to the modernization of Polish political culture; rather it was the *product* of that modernization.« Brian Porter, When Nationalism Began to Hate. Imagining Modern Politics in Nineteenth-Century Poland, New York 2000, S. 137; ähnlich argumentieren für das Kaiserreich: Geoff Eley, Reshaping the German Right. Radical Nationalism and Political Change after Bismarck, Ann Arbor 1991²; Roger Chickering, We Men Who Feel Most German. A Cultural Study of the Pan-German League, 1894–1914, Boston 1984; für Österreich-Ungarn: Judson, Exclusive Revolutionaries; King, Nationalization of East Central Europe.

208 Vgl. u.a. die Beiträge in: Martin H. Geyer u. Johannes Paulmann (Hg.), The Mechanics of Internationalism. Culture, Society, and Politics from the 1840s to the First World War, Oxford 2001.

ten aber, wie sich spätestens nach 1914 zeigte, paradoxerweise den Nationalismus zur Voraussetzung. So konnte, um nur ein Beispiel herauszugreifen, Leila Rupp zeigen, wie die internationalen Frauenbewegung in immer neue Aporien geriet, weil sie, anders als etwa die Frauenvereine der ersten Jahrhunderthälfte, oft den Nationalstaat als Rahmen des wechselseitigen Austausches zum selbstverständlichen Ausgangspunkt nahm. An die Stelle einer vage-idealistischen, die Nationen transzendierenden, aber in der lokalen Geselligkeit verwurzelten Vereinsidee traten zwischenstaatliche Organisationen, die handfeste politische oder wirtschaftliche Interessen zu organisieren und durchzusetzen suchten.[209]

Die internationalen Verbände folgten damit einem neuen Verständnis von Politik, das sich innerhalb der Nationalstaaten bereits etabliert hatte und für den im engeren Sinne politischen Bedeutungsverlust der Vereine auf dem Höhepunkt ihrer zahlenmäßigen Verbreitung sorgte. Sichtbarster Ausdruck dieser Veränderung waren die neuen Massenorganisationen wie die Gewerkschaften und Verbände, die formal einige Grundzüge des Vereins übernahmen, ja, oft aus ihnen heraus gegründet wurden, aber zusehends nur noch spezifischen, neo-korporativen Interessen dienten und auf ein geselliges Leben zumeist verzichteten. »Parallel dazu und oft aus den neuen Organisationsformen heraus oder im geschichtlichen Zusammenhang entstehen die politischen Parteien. Genauso wie die Verbände haben sie ein gruppenspezifisches (›klassenspezifisches‹) Interesse; oft (wie im Fall der sozialistischen Parteien) einen erklärten Standpunkt; wie die Verbände haben sie die primäre und ausschließliche Funktion, einem politischen Kampf, der nun nach den Regeln der Repräsentation, nämlich nach denen des allgemeinen männlichen Wahlrechts oder zumindest einer Vorform davon, verläuft, Organisationsmittel zur Verfügung zu stellen«.[210] An die Stelle des exklusiven Vereins als Ort informeller politischer Willensbildung traten die Parteien, Interessenverbände oder internationale Organisationen; die Klubs und Vereine hingegen dienten zusehends nur noch als Dienstleistungsunternehmen der verschiedenen Gruppen und Schichten einer pluralistisch zersplitterten Gesellschaft.

Als die liberalen Bürger in den Vereinen nicht mehr in dem Bewusstsein leben konnten, das allgemeine Wohl allein zu vertreten und die Gefahren der

209 Leila J. Rupp, Worlds of Women. The Making of an International Women's Movement, Princeton 1997; dies., The Making of International Women's Organizations, in: Geyer u. Paulmann (Hg.), Mechanics of Internationalism, S. 205–223; sowie zum Vergleich: Bonnie S. Anderson, Joyous Greetings. The First International Women's Movement, 1830–1860, New York 2000.

210 Alberto Mario Banti, Der Verein, in: Heinz-Gerhard Haupt (Hg.), Orte des Alltags, München 1994, S. 105–110, 110.

Demokratie durch den geselligen Austausch zu bannen, mehrten sich nicht nur Zweifel an den Ideen, sondern auch an den Praktiken des Liberalismus, etwa am politisch-moralischen Wert der geselligen Vereine. Dass in Frankreich (1901) und Deutschland (1908) erst vergleichsweise spät die Vereinsfreiheit ohne Einschränkung gesetzlich verankert wurde, ist weniger ein Ergebnis des vermeintlich autoritären Charakters des Staates als der Angst der Republikaner bzw. Liberalen vor den in ihren Augen unzivilen Mächten der Gesellschaft, z. B. den Katholiken bzw. den polnischen Einwanderern.[211] Die wildwüchsige Ausweitung des Assoziationswesens in alle Schichten der Gesellschaft hinein ging mit einer wachsenden Furcht bürgerlicher Kreise vor einem Verlust des moralischen Führungsanspruchs in der Gesellschaft einher, den bis dahin das Assoziationsprinzip verbürgt hatte. So formulierte Max Weber mit indigniertem Unterton auf dem Ersten Deutschen Soziologentag im Jahr 1910, dass der moderne, »letzte« Mensch »ein Vereinsmensch in einem fürchterlichen, nie geahnten Maße« sei. »Man muß ja glauben: das ist nicht mehr zu überbieten, seitdem sich auch ›Vereins-Enthebungs‹-Organisationen gebildet haben.«[212]

Auch für die entstehenden Sozial- und Politikwissenschaften des späten 19. Jahrhunderts, das klingt in dem Zitat an, war die politisch-moralische Bedeutung geselliger Vereine, ungeachtet oder gerade aufgrund ihrer massenhaften Vermehrung, nicht so selbstverständlich wie noch für Tocqueville und seine Zeitgenossen. Gewiss diskutierte die internationale Linke von Peter Kropotkin (»Gegenseitige Hilfe in der Tier- und Menschenwelt«, 1890–1902) bis Eugène Fournière (»L'individu, l'association et l'Etat«, 1907) über die politische Bedeutung freier Assoziationen und erklärte sie zuweilen zu Keimzellen eines ethischen Sozialismus.[213] Katholische Konservative wie der kurz nach Ausbruch des Ersten Weltkriegs verstorbene französische Historiker und Soziologe Augustin Cochin erkannten ebenfalls einen unmittelbaren Zusammenhang zwischen dem Aufstieg der modernen Massendemokratie und den neuen Vergesellschaf-

---

211 Raymond Huard, Political Associations in Nineteenth-Century France: Legislation and Practice, in: Nancy Bermeo u. Philip Nord (Hg.), Civil Society before Democracy. Lessons from Nineteenth-Century Europe, S. 135–153, 146; Jean Morange, La Liberté d'association en droit public français, Paris 1977; Eleanor L. Turk, German Liberals and the Genesis of the Association Law of 1908, in: Konrad H. Jarausch u. Larry Eugene Jones (Hg.), In Search of a Liberal Germany. Studies in the History of German Liberalism from 1789 to the Present, New York 1990, S. 237–260.

212 Max Weber, Geschäftsbericht, in: Verhandlungen des Ersten Deutschen Soziologentages vom 19. bis 22. Okt. 1910 in Frankfurt/M., Tübingen 1911, S. 52–62, 53.

213 Vgl. Petra Weber, Sozialismus als Kulturbewegung. Frühsozialistische Arbeiterbewegung und das Entstehen zweier feindlicher Brüder: Marxismus und Anarchismus, Düsseldorf 1989.

tungsformen, insbesondere den Freimaurern, und versuchten diesen empirisch nachzuweisen – angesichts der Tatsache, dass im Jahr 1901 die erste Parteigründung Frankreichs, die der »Parti radical, républicain et radical-socialiste«, aus den Freimaurerlogen heraus erfolgte, keine Schwierigkeit. Zugleich verteufelten die Konservativen diesen historischen Prozess aber als politisch verhängnisvoll.[214] Viele Liberale, nicht zuletzt auch in Russland, sahen dagegen den praktischen Wert der Vereine für eine bürgerlich verfasste Gesellschaft.[215] Die Sozial- und Politikwissenschaften insgesamt widmeten sich dem Gegenstand dennoch eher beiläufig und zumeist ohne jenes politisch-moralische Pathos, das die »Praktiker der Bürgergesellschaft« im langen 19. Jahrhundert bewegt hatte.

Ein typisches Beispiel ist James Bryce' 1888 erschienener Versuch, »Demokratie in Amerika« für seine Zeit neu zu schreiben. Wie Tocqueville unternahm Bryce Reisen durch Nordamerika und trug seine Beobachtungen zusammen. Zu seinen Überzeugungen gehörte, dass nur ein *Englishman* wie er oder ein Amerikaner (aber, wie er implizit suggeriert, kein Franzose) »can grasp the truth that the American people is an English people, modified by the circumstances of its colonial life and its more popular government, but in essentials the same«.[216] Auch in anderer Hinsicht wendete sich Bryce mit dem Geist der Zeit gegen Tocqueville. Der positivistische Glaube an die Überzeugungskraft der Fakten prägte »The American Commonwealth« und macht es für heutige Leser fast ungenießbar. Während Tocqueville aus einfachen Beobachtungen weitgehende Schlüsse deduzierte, breitete Bryce sein empirisches Material aus, ohne es wirklich zu bewerten; während Tocqueville die *mores* und *manners* der Amerikaner zu ergründen suchte, um etwas über die Wirkungen und Gefahren der Demokratie zu erfahren, verwendete Bryce über tausend Seiten auf die politischen Institutionen der Demokratie (*state* und *municipal government*, politische Parteien und *national government*), denen Tocqueville weit weniger Raum gegeben hatte; während Tocqueville den geselligen Vereinen ein eigenes Kapitel widmete und deren moralischen Wert für die Entstehung von Tugend und Gemeinsinn herausstellte, formulierte Bryce nur einen Absatz in seinem mehrbändigen Werk, der in dürren Worten die

214 Augustin Cochin, Les sociétés de pensée et la démocratie, Étude d'histoire révolutionnaire [1921], ND u.d.T.: L'esprit du Jacobinisme, une Interprétation Sociologique de la Révolution Française, Paris 1979; Fred Schrader, Augustin Cochin et la République Française, Paris 1992; Avner Halpern, The Democratisation of France, 1840–1901. Sociabilité, Freemasonry and Radicalism, Atlanta 1999, S. 390–423.
215 Vgl. Wartenweiler, Civil Society, insbes. Kap. 3: Russian Liberal Academic Thought and the Idea of Civil Society.
216 James Bryce, The Predictions of Hamilton and de Tocqueville [1887], in: ders., The American Commonwealth [1888], Bd. 2, Indianapolis 1995, S. 1530–1570, 1546.

praktischen Vorzüge der Assoziationen für die Organisation von partikularen Interessen und die Formung der öffentlichen Meinung feststellt.[217] Politik hatte für Bryce nichts mit Moral oder Tugend zu tun, sondern mit harten Fakten, die man nüchtern und objektiv bestimmen konnte, ja, nach seiner Überzeugung musste. Was immer er auch freundliches über seinen berühmten französischen Vorgänger zu sagen hatte, sein Urteil über dessen Demokratietheorie war hart und vernichtend. Tocquevilles »neue politische Wissenschaft« mochte anregend gewesen sein, aber sie war in Bryce' Augen eines nicht: wissenschaftlich. Der Glaube an den Zusammenhang von Tugend und Politik, Tocquevilles Leidenschaft und sein pessimistischer Grundton, erschienen Bryce – und mit ihm vielen zeitgenössischen Sozial- und Politikwissenschaftlern unterschiedlicher politischer Couleur auf beiden Seiten des Atlantiks – seltsam antiquiert.

Eine Ausnahme stellte in dieser Hinsicht Max Weber dar. Gerade aus dem europäischen Krisengefühl der Jahrhundertwende gewann der Zusammenhang von Sozialität und Tugend der klassischen politischen Theorie für ihn noch einmal jene herausragende Bedeutung, wie sie Tocqueville behauptet hatte.[218] Auch Weber ging es nicht allein um eine Analyse der modernen, nach rationalen Interessen organisierten Gesellschaft, sondern um ihre Auswirkung auf die »Seelenverfassung« der von ihr geprägten Individuen, ihr »Menschentum«. »Nicht die Förderung des Kapitalismus in seiner Expansion«, hält etwa Weber den Kritikern seiner »Protestantische Ethik« entgegen, »war das, was mich *zentral* interessierte, sondern die Entwicklung des *Menschentums*, welches durch das Zusammentreffen religiös und ökonomisch bedingter Komponenten geschaffen wurde«, ein bestimmter »ethischer Lebensstil«, wie er an anderer Stelle schreibt, »welcher der Wirtschaftsstufe des ›Kapitalismus‹ geistig ›adäquat‹ war [und der] seinen Sieg in der ›Seele‹ des Menschen bedeutete.«[219]

217 Zu den Assoziationen ein einziger lakonischer Satz (»The habit of association by voluntary societies continues to grow.«) ebd., S. 1567, sowie ein Absatz in: James Bryce, The American Commonwealth [1888], Bd. 2, Indianapolis 1995, 936; zu Bryce und Tocqueville vgl. die Einführung von Gary L. McDowell, in: ebd., Bd. 1, S. xi-xxx.

218 Ein anderes Beispiel, auf das hier nicht eingegangen werden kann, ist Georg Simmel. Vgl. ders, Soziologie der Geselligkeit, in: Verhandlungen des Ersten Deutschen Soziologentages vom 18. bis 22. Okt. 1910 in Frankfurt/M., Tübingen 1911, S. 1-16; und allg. ders. Soziologie. Untersuchungen über die Formen der Vergesellschaftung (1908), hg. v. Ottheim Rammstedt, Frankfurt 1992.

219 Max Weber, Die protestantische Ethik II. Kritiken und Antikritiken, hg. v. Johannes Winckelmann, Gütersloh 1978³, S. 303, 55, Anm. 5, zit. n. Wilhelm Hennis, Max Webers Wissenschaft vom Menschen, Tübingen 1996, S. 44.

Tocquevilles Fragestellung aufnehmend, sah Weber nicht allein in der Ausbreitung, Verflechtung und Zusammensetzung von Assoziationen, sondern in der »Frage nach der Beeinflussung des menschlichen Gesamthabitus durch die verschiedenen Inhalte der Vereinstätigkeit« den Schlüssel zum politischen Verständnis der Geselligkeit.[220] »Wie wirkt die Zugehörigkeit zu einem bestimmten Verband nach innen?« fragt Weber, »auf die Persönlichkeit als solche? [...] Welches spezifische Ideal von ›Männlichkeit‹ [wird], bewußt oder absichtsvoll oder auch unbewußt ... gepflegt?« »Welche Art von Beziehung besteht zwischen einem Verein irgendwelcher Art, wieder von der Partei bis – das klingt ja paradox – zum Kegelklub herab, zwischen einem beliebigen Verein und irgend etwas, was man, im weitesten Sinne des Wortes Weltanschauung nennen kann?«[221] Kurzum, welchen Menschentypus bringt die gesellige Gesellschaft hervor?

In der eingeschobenen Reserve gegenüber den gewöhnlichen Kegelklubs drückt Weber aber zugleich die eigenen Zweifel aus, ob die Evokation des Zusammenhangs von Tugend und Geselligkeit für seine Zeit noch sinnvoll ist. Schließlich sei es »eine alltägliche Erscheinung, daß Vereinigungen, die ausgegangen sind von großen Weltanschauungsideen, zu Mechanismen werden, die sich faktisch davon loslösen.« Das liege in der »›Tragik‹ jedes Realisationsversuchs von Ideen in der Wirklichkeit überhaupt«. Und weiter: »Es gehört ja zu jedem Verein bereits ein, sei es bescheidener Apparat, und sobald der Verein propagandistisch auftritt, wird dieser Apparat in irgend einer Weise versachlicht und vom *Berufs*menschentum okkupiert.« Es ist dieses Berufsmenschentum, das für Weber die politische Tugend aufzehrt und das künftig im Gehäuse der kapitalistischen Lebensordnung wohnen könne. Am Schluss der »Protestantischen Ethik« hat er es leidenschaftlich beschrieben: Es sind jene »letzten Menschen«, die auch Nietzsche heraufkommen sah, die »Fachmenschen ohne Geist, Genußmenschen ohne Herz«.[222] Wie Nietzsche stellt sich auch Weber mit Blick auf die modernen Lebensordnungen das Problem, »was wir dieser Maschinerie *entgegenzusetzen* haben, um einen Rest des Menschentums frei zu halten von dieser Par-

---

220 Zit. n. Marianne Weber, Max Weber, Ein Lebensbild (1926), München 1989, S. 428; ähnlich auch Weber, Geschäftsbericht, S. 58. Vgl. hierzu Wilhelm Hennis, Max Webers Fragestellung, Tübingen 1987; sowie Martin Hecht, Modernität und Bürgerlichkeit. Max Webers Freiheitslehre im Vergleich mit den politischen Ideen von Alexis de Tocqueville und Jean-Jacques Rousseau, Berlin 1998, S. 199–250.

221 Weber, Geschäftsbericht, S. 55.

222 Max Weber, Gesammelte Aufsätze zur Religionssoziologie, Bd. 1, Tübingen 1988[9], Bd. 1, S. 204.

zellierung der Seele, von dieser Alleinherrschaft bürokratischer Lebens-
ideale«.[223]

War sich Weber zumindest unsicher, ob die Vereine Agenten oder Verhin-
derer dieser politisch gefährlichen »Parzellierung der Seele« sind, hatte Nietzsche für den liberalen Glauben an einen Zusammenhang von Geselligkeit und
Tugend nur Hohn und Spott übrig. Der nicht nur in der sozialen Ausweitung
des Assoziationswesens erkennbaren Tendenz zur Demokratisierung setzte er
einen aristokratischen Tugendbegriff entgegen. Während die »letzten« Menschen sich wie Herdentiere in »geselligen Gesellschaften« und »demokratischen Vaterländern« zusammenschließen, verlieren sie die wahre politische
Tugend, die der Abschließung und individuellen Aneignung bedarf. Im Zeitalter der massenhaften Ausweitung geselliger Vereine, der »Spießbürger« und
»Vereinsmeier«, bleibt für Nietzsche nur eine Tugend übrig: die Einsamkeit.
»Denn die Einsamkeit ist bei uns eine Tugend, als ein sublimer Hang und
Drang der Reinlichkeit, welcher erräth, wie es bei Berührung von Mensch zu
Mensch – ›in Gesellschaft‹ – unvermeidlich-unreinlich zugehn muß.« Nichts
schien Nietzsche nun gegen Ende des 19. Jahrhunderts absurder als die Vorstellung seiner vereinsseligen Zeitgenossen, der gemeinsame Zusammenschluss erzeuge Bürgertugend: »Jede Gemeinschaft macht, irgendwie, irgendwo, irgendwann – ›gemein‹.«[224]

Die Berührung von Mensch zu Mensch in der Gesellschaft galt Tocqueville
zeitlebens als einziges Mittel, einen heraufziehenden Despotismus und seinen
Sieg in der »Seele« der Menschen zu verhindern. Der Despotismus mauere
die Menschen im Privatleben ein. »Sie waren bereits zur Absonderung geneigt: er isoliert sie; sie erkalten füreinander: er läßt sie vollends erstarren.«[225]
Wie politisch zeitgemäß ein solcher Glauben an einen Zusammenhang von
Tugend und Geselligkeit auch sein mag, seine historischen Folgen waren zumindest ambivalent. Der Gemeinwohlanspruch stützte sich auf das Bewusstsein, eine Elite zu vertreten, die sich in geselligen Vereinen ihrer »Qualität«
versicherte; er war aber immer schon verbunden mit sozialen oder moralischen, nationalen oder »rassischen«, religiösen oder geschlechtsspezifischen
Vorannahmen. Zu den Leidenschaften der geselligen Bürger des 19. Jahrhun-

---

223 Max Weber, Gesammelte Aufsätze zur Soziologie und Sozialpolitik, Tübingen 1924,
S. 413.

224 Friedrich Nietzsche, Jenseits von Gut und Böse (1885), in: Kritische Studienaus-
gabe, hg. v. Giorgio Colli u. Mazzino Montinari, Bd. 5, München 1988, S. 232. Vgl. hierzu
Horst Baier, Die Gesellschaft – ein langer Schatten des toten Gottes. Friedrich Nietzsche
und die Entstehung der Soziologie aus dem Geiste der Décadence, in: Nietzsche-Studien,
Bd. 10/11, 1981/82, S. 6–33.

225 Tocqueville, Revolution, S. 15.

derts gehörte nicht nur der Wille, für das allgemeine Beste zu wirken, sondern auch der Ausschluss, die Maßregelung und politisch-moralische Erziehung jener, die nicht den bürgerlichen Normen entsprachen. Tocquevilles These eines Zusammenhangs von Demokratie und Geselligkeit, an die heute die Freunde der Zivilgesellschaft anknüpfen wollen, muss daher historisch relativiert werden. Wie Assoziationen selbst verfasst waren, welche sozial-moralischen Ansprüche sie formulierten und welche mitunter gegenläufigen Resultate diese Ansprüche zeitigten, wird genauer in den Blick zu nehmen sein.

II.5. Epilog: Vereine im Zeitalter der Extreme

Von dem widersprüchlichen Zusammenhang von Geselligkeit und Demokratie zeugt noch deutlicher ein Ausblick auf die Geschichte der Vereine in den zwei Jahrzehnten nach dem Ausbruch des Ersten Weltkriegs, besonders in den Vereinigten Staaten, in Deutschland und in der Sowjetunion, auch wenn ein solcher Ausblick nur kursorisch möglich ist, da es nur wenige Studien, zumal vergleichend, zu diesem Thema gibt.

In den Vereinigten Staaten stagnierte zwischen 1910 und 1940 die Zahl der neugegründeten Vereine, wenn auch auf hohem Niveau. Die im vorangegangenen Kapitel geschilderten Krisenmomente zeitigten nun Folgen. Der Aufstieg der »Massenkultur« wie auch der »Massendemokratie«, beides zeitgenössische Begriffe mit einem abwertenden Nebenklang, setzten den Bedeutungsverlust der geselligen Vereine ungeachtet ihrer zahlenmäßigen Verbreitung weiter fort. »It was no longer as necessary as it has been before World War I to belong to a voluntary association in order to participate in most leisure-time activities. As a result, the price of admission to commercial entertainments, or citizenship for municipal agencies, replaced subscribing to the norms set by voluntary associations as the precondition for participation.«[226] Die »große Depression« Ende der zwanziger Jahre ernüchterte in vieler Hinsicht auch die politisch-moralischen Erwartungen, welche die Sozialreformer der »Progressive Era« noch an die Vereine geknüpft hatten. Die überwiegende Mehrheit der Amerikaner gehörte weiterhin mindestens einem Verein an; der Staat und die Interessenorganisationen auf der einen und die Massenmedien auf der anderen Seite bestimmten aber zusehends den öffentlichen Raum.

Auch in Deutschland organisierte sich das soziale, kulturelle und politische Leben nach dem Ersten Weltkrieg weiterhin in Vereinen, ohne dass jene politisch-moralischen Ideen, die der Geselligkeitseuphorie des 18. und 19. Jahrhunderts zugrunde lagen, noch über eine vergleichbare Anziehungskraft verfügten. Einer der unzähligen Vereine jener Zeit war der »Nationalsozialistische Deutsche Arbeiterverein«, gegründet 1920, der Vorläufer der NSDAP. Zwar sprach Adolf Hitler nur abschätzig von der fürchterlichen »Vereinsmeierei«, den lächerlich harmlosen »bürgerlichen Träträklubs« und

---

226 John S. Gilkeson Jr., Voluntary Associations, in: Jack P. Greene (Hg.), Encyclopedia of American Political History. Studies of the Principal Movements and Ideas, Bd. 3, New York 1984, S. 1348–1361, 1358; Putnam u. Gamm, Growth, S. 514; ähnlich für England zuletzt: Gunn, Public Culture, S. 187–199.

»spießbürgerlichen Kegelgesellschaften«. Solche Vereine, so Hitler, arbeiteten nicht wirklich »politisch« als »Bewegung«, sondern »wie ein Parlament« mit Statuten, Debatten, Wahlen und Regeln.[227] Eine soziale Verankerung des Nationalsozialismus im deutschen Vereinsleben war dennoch, wie Hitler in »Mein Kampf« bemerkte, zunächst notwendig. Nach 1925 besaß die NSDAP nicht nur ungefähr 1400 Ortsvereine mit mehr als 100 000 Mitgliedern; vielmehr gelang es den Nationalsozialisten und Konservativen, sich im bürgerlichen Assoziationswesen, das im 19. Jahrhundert eine Domäne des deutschen Liberalismus war, festzusetzen und die Gesellschaft gleichsam »von innen« zu erobern.[228]

Erst am Ende der zwanziger Jahre wandelte sich die innere Struktur der NSDAP hin zu einer auf das Führerprinzip hin straff und zentral organisierten politischen Bewegung. Im Zuge der Kampagne gegen die lokale »Vereinsmeierei« erging auch das Verbot an die Mitglieder, anderen geselligen Vereinen anzugehören, mit der sprechenden Ausnahme der Kriegervereine.[229] Das deutsche Beispiel zeigt, dass sich in einer Demokratie mit einem dichten und weitverzweigten Vereinswesen auch die Feinde der Demokratie vereinsförmig organisieren und ihre Abschaffung vorantreiben können. Der Aufstieg des Nationalsozialismus und das Scheitern der Weimarer Demokratie hing mit vielen Besonderheiten der deutschen politischen Kultur zusammen. Das Fehlen eines freien Assoziationswesens gehört nicht dazu.

Zu den wichtigsten Maßnahmen zur Etablierung totaler Herrschaft gehörte aber ebenso zweifelsfrei, das lokale Vereinsleben zu ersticken. An die Stelle der freien Assoziationen traten im »Dritten Reich«, aber auch in der Sowjetunion, zentral gelenkte und kontrollierte Massenorganisationen.[230] Das geschah nicht über Nacht. In der Sowjetunion erlebte das Vereins- und Verbandswesen in den zwanziger Jahren eine überraschende, kurzlebige neue Blüte. In Anlehnung an das zeitlich parallele sowjetische Experiment der »Neuen Ökonomischen Politik«, die dem Markt mehr Raum gab, lässt sich von einer Art »NÖP der gesellschaftlichen Sphäre« (Irina Il'ina) sprechen.[231]

---

227 Zit. n. Roger Chickering, Political Mobilization and Associational Life. Some Thoughts on the National Socialist German Workers' Club (e.V.), in: Larry Eugene Jones u. James Retallack (Hg.), Elections, Mass Politics, and Social Change in Modern Germany, Cambridge 1992, S. 307–328, 309.

228 Vgl. z.B. Frank Bösch, Das konservative Milieu. Vereinskultur und lokale Sammlungspolitik in ost- und westdeutschen Regionen (1900–1960), Göttingen 2002.

229 Chickering, Political Mobilization, S. 322.

230 Das gilt auch für Italien. Vgl. z.B. Victoria de Grazia, The Culture of Consent. Mass Organization of Leisure in Fascist Italy, Cambridge 1981.

231 Il'ina, Obščestvennye organizacii, S. 4.

Viele der vorrevolutionären Assoziationen – wissenschaftliche, geistig-kulturelle, gegenseitige Hilfsgesellschaften – überstanden zunächst, zumal auf lokaler Ebene und in der Provinz, den Bürgerkrieg. Zwischen 1921 und 1929 bildeten sich Tausende von neuen Vereinigungen aus den Bereichen der Wissenschaft und Technik, nationale Organisationen der Deutschen oder Juden, Koreaner oder Chinesen und öffentlich-politische Verbände, wie z. B. die Jugendorganisationen der Parteien und Berufsvereinigungen (Gewerkschaften). Gewiss unterlagen sie der staatlichen Kontrolle; viele gingen auf staatliche Initiativen zurück, wie z. B. die »Gesellschaft zur Abschaffung des Analphabetentums«, der »Verein der militanten Gottlosen«, die »Vereinigung der Herrschaft der Stadt über das Dorf«, die »Freunde des Radios« und ähnliche typische Kuriosa der sowjetischen Sozialutopie. Diese *Obščestvennye organizacii* mussten sich innerhalb des sich herausbildenden parteistaatlichen Systems und der Zeit der Zerstörung des öffentlichen und politischen Pluralismus entwickeln und unterlagen zunehmend neu geschaffenen Mechanismen der Kontrolle und Beobachtung.[232] Sie besaßen aber zweifellos weiterhin Elemente gesellschaftlicher Selbstorganisation. Erst mit der Stalinisierung der Sowjetunion in den dreißiger Jahren bezeichneten die »gesellschaftlichen Organisationen« dann ausschließlich die aktive Beteiligung am sozialistischen Aufbau und der Befestigung der Verteidigungsfähigkeit des Landes. Nur noch nach außen hin ähnelten diese Assoziationen jenen der vorrevolutionären Zeit; sie wurden jetzt, ähnlich wie die Massenorganisationen in der NS-Diktatur, ausschließlich von der Partei gelenkt und vom Polizei- und Geheimdienstapparat überwacht.

Je mehr sich in Europa, zumal nach den anfänglichen Erfolgen des nationalsozialistischen Deutschlands im Zweiten Weltkrieg, autoritäre Regime durchsetzten, welche alle freien Assoziationen verboten, desto mehr wuchs in den Augen der amerikanischen Sozialwissenschaften wieder die politisch-moralische Bedeutung geselliger Vereine. Die Verankerung der Demokratie in den Vereinen galt nun als ein Spezifikum des exzeptionellen amerikanischen Nationalcharakters im Gegensatz zu den totalitären Regimen Europas.[233] Arthur M. Schlesinger hat 1944 in einem einflussreichen Essay über die »Nation of Joiners« diese These in scharfen Konturen gezeichnet: »Considering the central importance of the voluntary organization in American history there is not doubt it has provided the people with their greatest school of self-government. Rubbing minds as well as elbows, they have been trained from youth to

---

232 Ebd., S. 145 f.

233 Vgl. Benjamin L. Alpers, Dictators, Democracy, and American Public Culture Envisioning the Totalitarian Enemy, 1920s-1950s, Chapel Hill 2003.

take common counsel, choose leaders, harmonize differences, and obey the expressed will of the majority. In mastering the associative way they have mastered the democratic way.«[234] In den Vereinigten Staaten gab es seit dem Ende des Zweiten Weltkriegs periodisch wiederkehrende sozialwissenschaftliche Bestseller, welche die Vereinzelung und »Außensteuerung« der Amerikaner als Problem für das politische Gemeinwesen begriffen und im Sinne Tocquevilles zu mehr bürgerschaftlichem Engagement etwa in den geselligen Vereinen aufriefen – von David Riesmans »Lonely Crowd« (1950) bis zu Robert D. Putnams »Bowling Alone«.[235]

Es ist dieser Glaube an einen Zusammenhang von Demokratie und geselligen Vereinen, der am Ausgang des 20. Jahrhunderts, vor und mit dem Zusammenbruch der sowjetischen Herrschaft und der zeitlich parallelen Krise des westlichen Wohlfahrtsstaates nach dem Ende des Kalten Krieges, in der Diskussion über »Öffentlichkeit« und »Zivilgesellschaft« auch in Europa wieder auflebte. Dabei erfuhren jene Studien deutscher Intellektueller wie denjenigen von Reinhart Koselleck und Jürgen Habermas, aus der Zeit nach dem Ende des Zweiten Weltkrieg eine Renaissance, die sich der Genese und politischen Bedeutung von »Gesellschaft« und »Öffentlichkeit« im 18. Jahrhundert gewidmet hatten. Koselleck sah, der konservativen Sichtweise Augustin Cochins und Carl Schmitts folgend, in der aufgeklärten »geselligen Gesellschaft« mit ihrem überspannten Moralismus die Vorläufer des modernen Totalitarismus. Habermas hingegen folgte einer liberalen Sichtweise, aber gebrochen durch die marxistisch gefärbte Kritische Theorie, und erblickte umgekehrt im Niedergang der aufgeklärt-liberalen Öffentlichkeit eine Ursache für die politischen Katastrophen des 20. Jahrhunderts und den Aufstieg der in seinen Augen politisch gefährdeten »Massendemokratie«. In ihr, formuliert Habermas prägnant, gibt es keine »Öffentlichkeit« mehr, sie werde nur noch »gemacht«.[236]

---

234 Schlesinger, Nation of Joiners, S. 24 f.; sowie die klassischen zeitgenössischen Untersuchungen zu Muncie, (Indiana) und Newburyport (Massachusetts) von Robert S. Lynd u. Helen M. Lynd, Middletown. A Study in Contemporary American Culture, New York 1929; dies., Middletown in Transition. A Study in Cultural Conflicts, New York 1937; W. Lloyd Warner u. Paul S. Lunt, The Social Life of a Modern Community, New Haven, Conn. 1941.

235 David Riesman, The Lonely Crowd. A Study of the Changing American Character, New Haven 1950; Gabriel A. Almond u. Sidney Verba, The Civic Culture. Political Attidudes and Democracy in Five Nations, Princeton 1963; Robert N. Bellah u. a., Habits of the Heart, Berkeley 1984; Putnam, Bowling Alone.

236 Koselleck, Kritik; Habermas, Strukturwandel, S. 300. Ein anderes Beispiel aus der Nachkriegszeit ist Hannah Arendt, Vita activa oder Vom tätigen Leben [1958], München

Gewiss haben die neueren historischen Studien zum Thema, die auch Eingang in diese Überblicksdarstellung gefunden haben, den zeitgebundenen idealistisch-pessimistischen Grundton solcher geschichtsphilosophischer Entwürfe zum Zusammenhang von Politik und Moral, Geselligkeit und Öffentlichkeit zwischen der Aufklärung und dem 20. Jahrhundert, dem »Zeitalter der Extreme« (Eric J. Hobsbawm), freigelegt. Ihre Anregungskraft haben aber beide Studien heute nicht verloren, geht es in ihnen doch um eine kritische Sichtweise auf die Grundlagen der modernen Demokratie, ihre Gefahren und Gefährdungen.[237]

Versucht man, die Geschichte der geselligen Gesellschaften von der Mitte des 18. bis ins frühe 20. Jahrhundert zusammenfassend zu vergleichen, lassen sich drei ineinander verschränkte Prozesse beobachten und begrifflich zuspitzen:

1. *Verallgemeinerung.* Die geselligen Vereine breiteten sich in zeitlichen und räumlichen Wellenbewegungen aus, wobei jede dieser Wellen das Netzwerk der Vereine verdichtete und neue Vereinszwecke hervorbrachte. Diese Verallgemeinerung lässt sich nur von dem Hintergrund einer zunehmenden Verflechtung der Welt, dem ideellen und politischen Austausch, von Migration, Handel und Expansion erklären. In den exklusiven Geselligkeitsformen des 18. Jahrhunderts zirkulierten die Ideen und Praktiken der Aufklärung und umspannten einen transnationalen Raum von Boston bis St. Petersburg. Aus ihnen heraus bildeten sich um 1800 die neuen geselligen Vereine, die in den dreißiger und vierziger Jahren eine wahre Vereinsleidenschaft in Europa und in den Vereinigten Staaten auslösten. In den Vereinen verschmolzen aufgeklärte Ideen und Praktiken mit zeitgenössischen politischen Strömungen: Liberalismus bzw. Republikanismus, Sozialismus und Nationalismus, in Kontinentaleuropa unter den argwöhnischen Augen des Staates, der – in West und Ost mit unterschiedlichem Erfolg – die Vereinsseligkeit seiner Bürger zu kontrollieren suchte. Zugleich multiplizierten sich die Vereinszwecke: nationale, konfessionelle oder sozialreformerische Assoziationen weiteten das Spektrum,

1981, insbes. Kap. 2: Der Raum des Öffentlichen und der Bereich des Privaten. Arendts aristotelisch geprägte politische Philosophie sah ähnlich wie Koselleck, aber weniger historisch argumentierend, in dem neuzeitlichen Aufstieg des »Gesellschaftlichen« den Niedergang der Politik, dem im Sinne des Klassischen Republikanismus eigentlichen »öffentlichen Raum«.

237 Vgl. Anthony J. La Vopa, Conceiving a Public: Ideas and Society in Eighteenth-Century Europe, in: Journal of Modern History, Jg. 64, 1992, S. 79–116; Dena Goodman, Public Sphere and Private Life. Toward a Synthesis of Current Historiographical Approaches to the Old Regime, in: History and Theory, Jg. 31, 1992, S. 1–20; sowie die Beiträge in: Craig Calhoun (Hg.), Habermas and the Public Sphere, Cambridge, Mass. 1992.

oft mit neuen Ansprüchen sozialer Exklusivität und politisch-moralischer Sendung. In den sechziger und siebziger Jahren setzte eine neue Welle der Gründung von Assoziationen ein, die auf eine Liberalisierung und Nationalisierung der Gesellschaft hinwirkten und zugleich deren Resultat waren. Die Vereine und ihre Zwecke und Ziele multiplizierten sich erneut, griffen transnational weiter aus, und erreichten auch die russischen Provinzstädte, ein Trend, der sich am Ende des Jahrhunderts noch einmal dramatisch verstärkte. Vor 1914 sind nahezu alle Bereiche der städtischen Gesellschaften in den hier betrachteten Ländern gesellig organisiert. Die Verallgemeinerung und Spezialisierung der geselligen Vereine brachte neue Formen der Interessenorganisation, der politischen Öffentlichkeit und der modernen Massenkultur hervor, die viele der älteren Vereinsziele und -zwecke übernahmen und zugleich über diese hinausgingen.

2. *Demokratisierung.* Die Verallgemeinerung der geselligen Vereine führte zu mehr sozialer Partizipation und zog zugleich neue politische Grenzen. Zwischen Aufklärung und Erstem Weltkrieg lebten die Zeitgenossen gewiss nicht in einem demokratischen Zeitalter, aber im Zeitalter der Demokratisierung. In einer Zeit, als das uneingeschränkte Wahlrecht für alle Bürger der Gesellschaft, Reiche oder Arme, Männer oder Frauen, »Schwarze« oder »Weiße«, in keinem der hier betrachteten Staaten Realität war, dienten die Vereine im 19. Jahrhundert als Schule der Demokratie. In den Vereinen konnten die ersten Erfahrungen mit demokratischen Verfahren gemacht werden: das Verfassen von Statuten, das Recht auf freie Rede und Wahl, das Engagement für selbstbestimmte Ziele und Zwecke, aber auch mit den damit oft verbundenen alltäglichen Konflikten und Frustrationen. Die Geselligkeit war, in den Worten Georg Simmels, eine »gespielte Demokratie«; sie schuf einen eigenen, künstlich geschaffenen politisch-sozialen Raum jenseits von Staat oder Kirche, Beruf oder Familie, in dem neue Ideen und Praktiken der Egalität und Legalität spielerisch angeeignet werden konnten.[238] In diesem Sinne wirkten auch jene Vereine, die, mit heutigen Maßstäben gemessen, sich unpolitischen oder trivialen Zwecken widmeten, demokratisierend. Die Ballotage in einem geselligen Verein konnte aber nicht nur als eine Einübung in demokratische Praktiken, sondern auch als ein Ausschlussmechanismus gegen jene dienen, die bestimmten sozial-moralischen Ansprüchen nicht genügten. Die Geselligkeitsidee der Aufklärung und des Liberalismus besaß immer auch ihre elitäre Kehrseite. Der Wunsch nach Teilhabe am sozialen und politischen Leben, nach eigenen geselligen Räumen und Praktiken, war folglich eine Hauptantriebskraft für die immer neuen Wellen der Assoziationsbildung im langen

---

238 Simmel, Geselligkeit, S. 7.

19. Jahrhundert, ungeachtet, oder vielmehr: aufgrund von parallelen Ausschlusserfahrungen. Die zunehmende Konkurrenz von geselligen Vereinen und der mit ihnen verknüpften politisch-moralischen Ideen und die daraus resultierenden Konflikte innerhalb der geselligen Gesellschaften waren nicht Zeichen des Niedergangs des Assoziationswesens, sondern seiner Demokratisierung. Die geselligen Vereine dienten nicht mehr der Sicherung des politisch-moralischen Führungsanspruchs einer schmalen Elite und ihren Vorstellungen sozialer Harmonie, sondern bereiteten den Weg zu neuen Formen und Institutionen politischer Willensbildung. Was die liberale oder konservative Theorie des späten 19. und frühen 20. Jahrhunderts mit einem verächtlichen Seitenblick auf die »Vereinsmeierei« als »Vermassung« des gesellschaftlichen und politischen Lebens ansah, war mithin nichts anderes als dessen soziale Demokratisierung in den Krisenjahren der »klassischen Moderne« (Detlev J. K. Peukert), wie gewalthaft auch immer die Resultate dieser Demokratisierung im 20. Jahrhundert ausgefallen sein mögen.[239]

3. *Politisierung*. Mit der sozialen Demokratisierung erfolgte auch eine Politisierung der geselligen Vereine in allen hier betrachteten Gesellschaften. Eine erste Politisierung erlebte die aufgeklärte Geselligkeit vor, mit und nach den Revolutionen des späten 18. Jahrhunderts, die in den kontinentaleuropäischen Staaten eine staatliche Repressionswelle gegen die freien Zusammenschlüsse ihrer Bürger auslöste. Umso bemerkenswerter ist die Vereinigungsfreudigkeit der »Praktiker der Bürgergesellschaft« im frühen 19. Jahrhundert. Auf beiden Seiten des Atlantiks dienten die Vereine als vermeintlich unpolitische, rein gesellige Orte der sozial-moralischen Verbesserung des einzelnen Vereinsmitglieds wie auch der Gesellschaft. Die Regierung des Selbst, eng verknüpft mit einem spezifischen Männlichkeitsideal, sollte den Anspruch auf die Selbstregierung der Gesellschaft legitimieren. Die damit verbundenen liberalen Ideen sozialer Harmonie und Reform standen seit den dreißiger und vierziger Jahren in Konkurrenz mit neuen politisch-sozialen Bewegungen, etwa der Arbeiter, die sich der Vereine zur Selbstorganisation und Herausbildung einer alternativen Kultur bedienten. Sie übernahmen nicht nur Ideen und Praktiken der bürgerlichen Vereine, sondern entwickelten eigene Vorstellungen der politisch-moralischen Bedeutung der Geselligkeit, welche die Spannung zwischen Liberalismus und Demokratie sichtbarer machten. Zeitgleich setzt eine Nationalisierung und »Ethnisierung« der Gesellschaft und damit auch der Geselligkeit ein, die in den sechziger und siebziger Jahren der Vereinsleidenschaft eine neue Dynamik gab. Die gesellige Idee einer moralischen und sozialen Reform der Gesellschaft durch individuellen Austausch wurde nicht abgelöst

---

239 Vgl. Chantal Mouffe, The Democratic Paradox, London 2000.

von, sondern gebunden an den Aufstieg der Nation als politischer Ordnungs-idee. Am Ende des Jahrhunderts erfasste die Vereinsleidenschaft nahezu alle sozialen, konfessionellen und politischen Gruppen und Bereiche der Gesell-schaft. Auch der zeitgenössische Internationalismus organisierte sich vornehm-lich in geselligen Vereinen und formte nationenübergreifenden Netzwerke. Je mehr aber die geselligen Vereine an der Schwelle zum 20. Jahrhundert inner-halb wie zwischen den Nationalgesellschaften zu Orten der Selbstorgani-sation unterschiedlicher, oft sich wechselseitig ausschließender sozialer und politischer Akteure und damit Ausdruck demokratischer Pluralität wurden, desto mehr verloren sie in den Augen vieler Zeitgenossen ihr moralisches Gewicht und ihr sozialutopisches Versprechen einer Reform der Gesellschaft. Sie wurden nicht mehr als Gegenmittel, sondern als Zeichen dafür wahrge-nommen, dass die Gesellschaft ihre Bindekraft und ihren moralischen Kom-pass verloren habe, jene Tugend, welche die Theoretiker und Praktiker der Bürgergesellschaft des 18. und 19. Jahrhunderts als Grundlage für ein politi-sches Gemeinwesen begriffen hatten. Die Verallgemeinerung, Demokrati-sierung und Politisierung der geselligen Vereine war folglich – nur scheinbar paradox – ein Grund für die Krise des europäischen Liberalismus und der »geselligen Gesellschaft« vor dem Ersten Weltkrieg.

III. Grundlinien der Forschung

Eine transnational vergleichende Forschungstradition zu den geselligen Vereinen existiert bislang nur in Ansätzen; soweit wie möglich sind die Ergebnisse der nationalen Historiographien in die vorangegangene Darstellung eingegangen. Sie müssen und können hier nicht noch einmal vergleichend in allen Verzweigungen vorgestellt werden. Es lassen sich aber einige Grundlinien der Forschung erkennen, die Perspektiven für eine Geschichte der geselligen Vereine eröffnen. Sie sollen abschließend knapp skizziert werden.

1. Verflechtungen und Beziehungen

Welchen Gewinn die Forschung aus einer transnationalen Betrachtung der Geschichte der geselligen Vereine ziehen kann, lässt sich leicht daran ermessen, wenn man sich die apodiktischen Urteile der älteren Historiographie in Erinnerung ruft. Mit Ausnahme der Vereinigten Staaten, die unstreitig als das Vereinsland schlechthin galten, und, mit wenigen Abstrichen, Großbritanniens, stand für die hier betrachteten Gesellschaften das Fehlen einer Tradition freier Assoziationen lange Zeit außer Zweifel, sobald vergleichend argumentiert wurde. Häufig wurde, wie schon erwähnt, behauptet, dass Frankreich, die deutschen Staaten und Russland über keine bürgerliche (im Sinne von *civic*) Vereinsbewegung verfügt hätten, um zu erklären, warum sich im 20. Jahrhundert autoritäre Regime in Kontinentaleuropa durchsetzen konnten.[1] Ein Grund hierfür sah die ältere Historiographie, ähnlich wie Tocqueville, in der überragenden Bedeutung des Staates für die kontinentaleuropäischen Gesellschaften, einschließlich Frankreichs, welche die Entstehung einer zivilen Gesellschaft, anders als in den Vereinigten Staaten, verhindert habe.[2] So beschränkt sich das großangelegte französische Standardwerk der »Geschichte des privaten Lebens« für das 19. Jahrhundert völlig auf den Bereich der Familie, während es für das 18. Jahrhundert auch die außerhäusliche Geselligkeit

---

1 Was Geoff Eley für die Historiographie zum Deutschen Kaiserreich festgestellt hat, galt lange Zeit auch für Österreich-Ungarn oder Russland: »if liberalism in Bismarckian and Wilhelmine Germany was such a broken reed, historians see little point in studying the emancipatory purposes of local associational life. If the main story was decline and degeneration of liberalism and the public sphere, then the value of looking at the associational arena tends to fall.« Eley, Nations, Publics, S. 299.

2 Harrison, Unsociable Frenchmen.

behandelt.[3] Die Suche nach Erklärungen für die nationalsozialistischen Verbrechen ließ die These von einem spezifisch deutschen Sonderweg in die Moderne lange Zeit plausibel scheinen. Sie hat unter anderem dazu geführt, dass bis in die 1980er Jahre das reiche deutsche Assoziationswesen wenig beachtet wurde.[4] Von einem »civic non-age« sprach etwa in Bezug auf das Kaiserreich Fritz Stern. Den Deutschen fehle »the kind of voluntary, civic activity that attracted their English and American counterparts. [...] Civic initiative takes practice, and German society never fostered it. Most German looked for the state for guidance and initiative.«[5] Und auch die beiden grundlegenden Darstellungen der Geschichte der deutschen Gesellschaft von Thomas Nipperdey und Hans-Ulrich Wehler behandeln die Vereine nur für das frühe 19. Jahrhundert, nicht aber für das Kaiserreich. Dem damaligen Forschungsstand entsprechend, finden allein die nationalen Interessenverbände Berücksichtigung.[6] Geoff Eley, um nur ein Beispiel herauszugreifen, der die Revision des Bildes von der deutschen Gesellschaft als Obrigkeitsstaat mit angestoßen hatte, übernahm wiederum unkritisch die geläufige Auffassung der Abwesenheit eines russischen Assoziationswesen, insbesondere im Kontrast zum deutschen Fall.[7] Auch die einzige Gesamtdarstellung der Sozialgeschichte Russlands von Boris Mironov übergeht die Bedeutung der geselligen Vereine.[8] Die neueren Studien zu den geselligen Vereinen, die auch in diese Darstellung eingeflossen sind, haben dieses Bild im einzelnen für Frankreich, die deutschen Staaten und

3 Philippe Ariès u. Georges Duby (Hg.), Geschichte des privaten Lebens, 5 Bde., Frankfurt 1993.

4 Eine seltene Ausnahme ist Nipperdey, Verein als soziale Struktur; später daran anknüpfend das großangelegte Forschungsprojekt von Lothar Gall. Vgl. als Einführung: Ders., Von der ständischen zur bürgerlichen Gesellschaft, München 1993; sowie, die Forschungsergebnisse im Hinblick auf die geselligen Vereine zusammenfassend: Hein, Konstituierungsfaktoren.

5 Fritz Stern, Introduction, in: ders., The Failure of Illiberalism. Essays on the Political Culture of Modern Germany, London 1972, S. xviii, xx, xix, zit. n. Geoff Eley, The Meanings of »Reform« in Wilhelmine Germany, unveröffentlichtes Manuskript, Ann Arbor 2001.

6 Thomas Nipperdey, Deutsche Geschichte 1866–1918, Bd. 2, München 1992, S. 576–595; Hans-Ulrich Wehler, Deutsche Gesellschaftsgeschichte, Bd. 3, München 1995, S. 335–355.

7 Eley, Nations, Publics, S. 325.

8 Boris N. Mironov, Social'naja istorija Rossii perioda imperii (XVIII – načalo XX veka). Genezis ličnosti, demokratičeskoj sem'i, graždanskogo obščestva i pravovogo gosudarstva, 2 Bde., St. Petersburg 1999 [Sozialgeschichte Russlands im Zeitalter des Imperiums (18. bis Anfang des 20. Jahrhunderts). Die Entstehung der Persönlichkeit, der demokratischen Familie, der bürgerliche Gesellschaft und des Rechtsstaates].

Russland revidiert.[9] Erkennen lässt sich, wie Joseph Bradley, formuliert hat, »a change of emphasis from what did not happen to what did«.[10]

Was weiterhin fehlt, ist der Blick über nationale Grenzen hinweg. Selbst die wenigen wirklich vergleichend angelegten Studien zur Geselligkeit sind oft nicht frei von nationalen Selbst- und Fremdbildern. Ein Vergleich der deutschen und englischen Vereinskultur kommt etwa zu dem Fehlschluss, dass die Assoziationen in England »weder in der frühen Arbeiterbewegung noch im gesellschaftlichen Leben allgemein einen zentralen Stellenwert« eingenommen hätten.[11] Ein anderes Beispiel ist der bislang einzige Versuch einer vergleichenden Darstellung der Geselligkeit in Frankreich und Deutschland zwischen 1750 und 1850, als dessen Ergebnis für das frühe 19. Jahrhundert ein nationaler Unterschied zwischen einer informellen Soziabilität Frankreichs und einer vereinsförmigen Geselligkeit in den deutschen Staaten herausgestellt worden ist. So wie es im frühen 19. Jahrhundert aber in der städtischen Provinz ein eigenes, bürgerlich geprägtes französisches Assoziationswesen gab, so besaß auch die informelle Geselligkeit in Deutschland ihre Bedeutung.[12] Die behaupteten nationalen Unterschiede waren mithin im wesentlichen Produkte unterschiedlicher historiographischer Traditionen.

Die neueren Studien einzelner städtischer Gesellschaften der französischen, deutschen oder russischen Provinz haben die Verflechtung und das Beziehungsgefüge der lokalen Geselligkeit detailliert herausgearbeitet. Sie öffnen damit auch den Weg für vergleichende Untersuchungen der Geselligkeitskultur in unterschiedlichen Staaten und Regionen. Vor allem aber verdient der kulturelle Transfer der Ideen und Praxis geselliger Vereine mehr Aufmerksamkeit, auch die Assoziationsbildung über nationale Grenzen hinweg, etwa in Grenzregionen oder in internationalen Vereinigungen, um auch transnatio-

9 Vgl. zusammenfassend Harrison, Unsociable Frenchmen; Nord, Introduction; Trentmann, Introduction; Hildermeier, Zivilgesellschaft; Hausmann, Stadt und lokale Gesellschaft.

10 Bradley, Subjects into Citizens, S. 1105.

11 Christiane Eisenberg, Arbeiter, Bürger und der »bürgerliche Verein« 1820–1870. Deutschland und England im Vergleich, in: Kocka (Hg.), Bürgertum, S. 187–219, 188. Vgl. dagegen z. B. Clark, British Clubs, insbes. S. 470–491.

12 François (Hg.), Sociabilité et société bourgeoise; Maurice Agulhon und Thomas Nipperdey haben mit ihren bahnbrechenden Arbeiten ungewollt dieser Entwicklung Vorschub geleistet. Agulhon hatte das Augenmerk auf die informellen Soziabilitätsstrukturen Frankreichs, Nipperdey hingegen auf die formellen Vereine in Deutschland im frühen 19. Jahrhundert gerichtet. Agulhon, Le cercle; ders., La République; Nipperdey, Verein als soziale Struktur. Zur Bedeutung der geselligen Vereine in Frankreich bzw. der informellen Geselligkeit in Deutschland jetzt z. B. Harrison, Bourgeois Citizen bzw. Habermas, Frauen und Männer des Bürgertums, S. 137–154.

nale Verflechtungs- und Beziehungsgefüge herauszuarbeiten.[13] Darüber hinaus sollte der transatlantisch-europäische Raum verlassen werden. Welche Bedeutung besaßen die Ideen und die soziale Praxis der Geselligkeit für den europäischen Kolonialismus? Grundsätzlicher: Können vorgeblich rein analytische Kategorien wie »Assoziation« oder »Demokratie«, »Öffentlichkeit« oder »Zivilgesellschaft«, die selbst Produkte des politisch-sozialen Begriffsarsenals des 18. und 19. Jahrhunderts sind, auf nichtwestliche Kulturen übertragen und diese daran gemessen werden? Oder gehen solche Übertragungen implizit weiterhin von einem defizitären »Außen« europäischer Erfahrungen aus und setzten damit gewollt oder ungewollt das koloniale Projekt fort?[14]

2. Wie »zivil« war die Gesellschaft des 18. und 19. Jahrhunderts?

Das neue Interesse an der Geschichte von »Öffentlichkeit« und »Geselligkeit« seit den politischen Umwälzungen der späten achtziger Jahre ist eng mit dem Aufstieg von »Zivilgesellschaft« (*civil society*) als Leitbegriff verknüpft. Gingen in den Dekaden zuvor erst von der Soziologie, dann von der Anthropologie wichtige Impulse für die Geschichtsschreibung der Geselligkeit aus, so dient jetzt oft die politische Theorie des Liberalismus als Stichwortgeber. Die Erfahrung von Gesellschaft als ›staatlicher Veranstaltung‹ im 20. Jahrhundert – sei es als totalitäre Diktatur oder als liberaler Wohlfahrtsstaat – hat ein neues Interesse an den geselligen Vereinen erzeugt. Die diesseits und jenseits des Atlantiks geführte Debatte über die Grundlagen der Zivilgesellschaft konnte aus den vielfältigen nationalen Historiographien zu den geselligen Vereinen ihren Gewinn ziehen, auch und gerade weil diese anderen Leitfragen folgten: der sozialgeschichtlichen Frage nach der Herausbildung der Klassengesellschaft, der geschlechtergeschichtlichen Frage nach der Genese der Trennung von öffentlichen und privaten, männlichen und weiblichen sozialen Räumen und Bürgerrechten oder der kulturgeschichtlichen Frage nach dem Aufstieg der Nation als politischem Glaubenssystem. Gleichzeitig fand eine Rezeption der älteren Forschung in Ost- und Ostmitteleuropa statt. In der Sowjetunion wurden z.B. die sozialwissenschaftlichen Forschungen aus der Spätzeit des Zarenreichs erst in den achtziger Jahren des 20. Jahrhunderts in der Zeit der Perestroika wieder aufgegriffen. Im postsowjetischen

---

13 Ein gelungenes Beispiel ist Klein, L'humanité.

14 Vgl. u. a. die Beiträge zum Thema »Öffentlichkeit« und »Zivilgesellschaft« von Philip C.C. Huang, William T. Rowe u. Frederic Wakeman Jr. in: Modern China, Jg. 19, 1993, H. 2; sowie allg. Christoph Conrad u. Sebastian Conrad (Hg.), Die Nation schreiben. Geschichtswissenschaft im internationalen Vergleich, Göttingen 2002.

Jahrzehnt nach 1990 haben die Forschungen zu Zivilgesellschaft und Öffentlichkeit, insbesondere zu lokalen städtischen Gesellschaften und Assoziationen, Konjunktur.[15] Das gilt ebenso für die Historiographie in den neuen Demokratien Ostmitteleuropas, die gleichsam die eigenen liberalen historischen
Traditionen freizulegen suchen.[16]

Oft entspringt der Impuls, nach zivilgesellschaftlichen Traditionen in Ost-
und Mitteleuropa zu suchen, dem politischen Wunsch, die dichotomische
Gegenüberstellung eines westlichen, modernen und östlichen, rückschrittli-
chen Europas, die selbst eine Erfindung der Aufklärung ist und vor allem im
20. Jahrhundert politisch folgenreich war, zu überwinden.[17] Insofern ist dieser
Impuls selbst nicht ideologiefrei. Daher bleibt abzuwarten, ob die materialreiche neuere Forschung zur Geschichte von Öffentlichkeit, Vereinswesen und
Bürgertum in Mittel- und Osteuropa, die in den letzten zehn Jahren entstanden ist, auch die politisch ambivalente Geschichte dieser Begriffe genauer in
den Blick nehmen wird. Ähnliches gilt für das neue Interesse an den geselligen
Vereinen in der amerikanischen Politikwissenschaft. So hat, um nur ein Beispiel herauszugreifen, Robert D. Putnam zu zeigen versucht, dass die zivil-
gesellschaftliche Tradition im Norden Italiens, vor allem die Tradition städtischer Selbstregierung und geselliger Vereinigung, dazu geführt habe, dass
demokratische Institutionen dort heute sehr viel erfolgreicher arbeiten als im
Süden des Landes, der über eine solche Tradition nicht verfügt.[18] In seinem
jüngsten Buch hat Putnam ein ähnliches Argument für die amerikanische Gesellschaft vorgebracht. Direkt an Tocqueville anknüpfend, sah Putnam in der
Selbstorganisation der Gesellschaft in geselligen Vereinen ein Spezifikum der
amerikanischen Demokratie seit der Gründung der Republik. Umso bedroh-
licher erschien ihm das Ergebnis seiner statistischen Erhebungen, nach denen
das Engagement in geselligen Vereinen in den Vereinigten Staaten seit vierzig
Jahren rückläufig sei. Ohne bürgerschaftliches Engagement in geselligen Vereinen aber keine Demokratie, sondern eine »couch potato democracy« – so

---

15 Vgl. Hildermeier, Zivilgesellschaft.

16 Vgl. z.B. Janowski, Polish Liberal Thought; sowie der Überblick zur ungarischen
Forschung bei Török, Free Associations in Dualist Hungary.

17 Vgl. Woolf, Inventing Eastern Europe; Iver B. Neuman, Making Regions: Central
Europe, in: Uses of the Other. »The East« in European Identity Formation, Minneapolis
1999, S. 143–160; Peter Bugge, ›Shatter Zones‹. The Creation and Re-creation of Europe's
East, in: Menno Spierling u. Michael Wintle (Hg.), The Idea of Europe since 1914. The Legacy of the First World War, New York 2002, S. 47–68.

18 Robert D. Putnam, Making Democracy Work. Civic Traditions in Modern Italy,
Princeton 1993, bes. S. 89 ff.

könnte man Putnams Befürchtung zusammenfassen.[19] Kritiker von Putnams
Thesen stellen nicht nur seine empirischen Ergebnisse in Frage, sondern auch
die daran geknüpften politischen Folgerungen. Können die geselligen Vereine
tatsächlich als Garanten demokratischer Praxis gelten oder haben sie nicht,
historisch gesehen, oft auch anti-demokratische Effekte gezeitigt – nicht nur
in Italien, sondern auch in den Vereinigten Staaten (ein oft genanntes Gegen-
beispiel sind rassistische Vereinsbewegungen wie der Ku Klux Klan)?[20] Zivile
Gesellschaften garantieren, wie aus der vorangegangen Darstellung deutlich
geworden ist, nicht notwendigerweise demokratische Praktiken. »The ener-
gies created by civic activism do not of necessity feed into a politics of tolera-
tion and inclusion but may as well be drawn on for repressive ends – to police
the deviant or to advocate authoritarian goals – as the history of the twentieth
century has demonstrated all over again.«[21]

3. Jenseits von Aufstieg und Fall

Historische Studien folgen oftmals bewusst oder unbewusst dem Erzähl-
muster von Aufstieg und Fall. Diese Überblicksstudie macht aufgrund der
Forschungslage da keine Ausnahme. Zu wenig ist bekannt über das Schicksal
der geselligen Vereine in Europa über den Zweiten Weltkrieg hinaus. Umgekehrt zweifeln Historiker der frühen Neuzeit mit Recht an, dass die geselligen
Vereine eine Erfindung der Aufklärung seien. Die aufgeklärte Geselligkeit
knüpfte in den Ideen wie in ihren sozialen Praktiken an sehr viel ältere Vereinigungen wie den Akademien, Zünften oder den religiösen Bruderschaften an.[22] Aber selbst für den hier betrachteten Zeitraum zwischen Aufklärung
und Erstem Weltkrieg erliegen viele Historiker, die sich aus forschungsprak-
tischen Gründen auf einen Ausschnitt aus diesem Zeitraum begrenzen müssen, der Versuchung zu behaupten: »It happend in my time« (Stuart M. Blumin). Die Forschung zur Aufklärung ging lange Zeit davon aus, die Logen,

19 Putnam, Bowling Alone.

20 Vgl. z.B. Sidney Tarrow, Making Social Science Work Across Time and Space.
A Critical Reflection of Robert Putnams *Making Democracy Work*, in: American Political
Science Review, Jg. 90, 1996, S. 389–397; Theda Skocpol, The Tocqueville Problem. Civic
Engagement in American Democracy, in: Social Science History, Jg. 21, 1997, S. 455–479;
Mark E. Warren, Democracy and Associations, Princeton 2001; sowie die Beiträge in Amy
Gutmann (Hg.), Freedom of Association, Princeton 1998.

21 Nord, Introduction, S. xxxi; ähnlich auch Harrison, Unsociable Frenchmen; Trentmann, Introduction; Ryan, Civil Society as Democratic Practice.

22 Das hatte schon Agulhon, La sociabilité méridonale, herausgearbeitet und ist zuletzt
für den deutschen Sprachraum eindrucksvoll von Hardtwig, Genossenschaft, Sekte, Verein,
nachgewiesen worden.

Lesegesellschaften und andere aufgeklärte Geselligkeitsformen hätten im frühen 19. Jahrhundert an Bedeutung verloren, obgleich sie erst seit den 1830er Jahren transnational ihr eigentliches »goldenes Zeitalter« erleben. Die Historiographie zu den 1830er und 1840er Jahren, insbesondere zur Geschichte der Mittelklassen, behauptet, das Assoziationswesen habe in der zweiten Jahrhunderthälfte einen Niedergang erlebt, obgleich in den 1860er und 1870er Jahren ein neuer ›take-off‹ stattfand. Offensichtlich erleben die geselligen Vereine neue Konjunkturen gerade in gesellschaftlichen Krisenzeiten, in denen der zeitgenössische Diskurs ihre »Degeneration« verkündet – eine These, die sich für die Zeit um 1900 bestätigt und die für das 20. Jahrhundert noch empirisch zu überprüfen wäre. Studien zu den geselligen Vereinen sind nötig, die sich explizit gesellschaftlichen Übergangszeiten, z. B. den Dekaden um 1800, 1850, 1900 oder 1950 widmen. Eine Folge des impliziten Modernisierungsdenkens der Sozial- und Gesellschaftsgeschichte war auch, dass sie nach genuin modernen Elementen der Klassenbildung und der politischen Willensbildung suchte. Einem allzu linearen, modernisierungstheoretischen Geschichtsbild entgehen aber historische Phänomene, in denen sich auf zunächst irritierende Art und Weise traditionelle und moderne Elemente überlagern.[23] Zu wenig ist deshalb bekannt über die Bedeutung, welche die geselligen Vereine z. B. für die Geschichte adliger Eliten, der ländlichen Bevölkerung oder der religiösen Vergemeinschaftung im langen 19. Jahrhundert besaßen.

4. Die Überschneidung sozialer Kreise

Daraus ergibt sich eine weitere mögliche Akzentverschiebung. Die Mehrzahl der sozial- und kulturgeschichtlichen Studien der verschiedenen nationalen Historiographien richtete ihre Aufmerksamkeit auf die geselligen Vereine als Orte der Vergesellschaftung von einzelnen Segmenten der Gesellschaft, etwa der Arbeiter oder der Mittelklassen. Die Zeitgenossen selber haben die Herausbildung scharfer sozialer und politischer Grenzen und unterschiedlicher Räume der Vergesellschaftung beobachtet und beschrieben. Und gewiss können die Vereine als Medien sozialer Abschließung angesehen werden, nicht nur etwa von Arbeitern und Bürgern, sondern auch von Männern und Frauen oder einzelnen Nationalitäten. Aus dem Blickfeld gerät dabei aber die immer auch bestehende Überschneidung sozialer Kreise in der Geselligkeit, zumal in ihrer informellen Form. Das von Agulhon eingeführte und in der französischen Forschung ungemein einflussreiche Konzept der »sociabilité«

---

23 Michael Geyer, Deutsche-Europäer-Weltbürger. Eine Überlegung zum Aufstieg und Fall des Modernismus in der Historiographie, in: Ralph Melville u. a. (Hg), Deutschland und Europa in der Neuzeit, Stuttgart 1988, S. 27–48.

betont die Bedeutung von kulturellen Praktiken anstelle von vermeintlich objektivierbaren Kriterien wie Klasse und Stand.[24] Es fragt nach solchen Überschneidungen von unterschiedlichen sozialen Räumen und vermag so die künstliche Opposition von Familie, bürgerlicher Gesellschaft und Staat als auch von einzelnen sozialen oder politischen Segmenten der Gesellschaft zu überwinden. Gewiss entsprach der grenzübergreifende Anspruch der geselligen Vereine oft nicht ihrer sozialen Praxis. Zu wenig ist aber bekannt darüber, inwiefern diese Ansprüche nicht auch partiell eingelöst wurden. Eine kritischer Umgang mit abstrakten politisch-sozialen Kategorien wie »Bürger«, »Arbeiter« oder »Nation« (die, wie George Orwell einmal spöttisch bemerkt hat, suggerieren, die Menschen ließen sich wie Insekten klassifizieren[25]) könnte zeigen, dass die sozialen und politischen Grenzen der Geselligkeit fließender waren, als es die Zeitgenossen und die spätere Forschung oft angenommen haben. So konnte die neuere Geschlechtergeschichte zeigen, dass die idealtypische Trennung von »Öffentlichkeit« und »Privatheit«, männlichen und weiblichen sozialen Räumen zu einem guten Teil auf Projektionen beruht, die der zeitgenössischen Geselligkeit und der Teilhabe von Männern *und* Frauen an ihr nicht gerecht werden.[26] Ähnliches gilt für die Ansprüche nationaler Vereine, nicht nur in Österreich-Ungarn, ethnische Identitäten zu behaupten und scharfe politische Grenzen zu ziehen, zu einer Zeit, wo sich selbst die Mehrzahl ihrer Mitglieder nicht einer bestimmten ethnisch-nationalen Gruppe zugehörig fühlten, sondern sich primär als Bürger einer Stadt und Untertanen einer konstitutionellen Monarchie ansahen.[27]

5. Geteilte Geschichte

Schließlich sollte ein Abschied von überkommenen historiographischen Klischees auf beiden Seiten des Atlantiks auch erlauben, präziser aus vergleichender Perspektive nach regionalen und nationalen Unterschieden zu fragen,

24 Maurice Agulhon, Vu des coulisses, in: Pierre Nora (Hg.), Essais d'ego-histoire, Paris 1987, S. 9–59, insbes. 28–41; sowie Giuliana Gemelli u. Maria Malatesta, La sociabilità di Maurice Agulhon, in: dies., Forme di sociabilità nella storiografia francese contemporanea, Mailand 1982, S. 59–72.

25 George Orwell, Such, Such Were the Joys, New York 1954, S. 73.

26 Vgl. u. a. Amanda Vickery, Golden Age to Separate Spheres? A Review of Categories and Chronology of English Women's History, in: Historical Journal, Jg. 36, 1993, S. 383–414; Ulrike Weckel, Der »mächtige Geist der Assoziation«. Ein- und Ausgrenzung bei der Geselligkeit der Geschlechter im späten 18. und frühen 19. Jahrhundert, in: Archiv für Sozialgeschichte, Jg. 38, 1999, S. 57–77.

27 King, Nationalization of East Central Europe; ähnlich das Argument für die Überschneidung politischer Loyalitäten schon bei Goltermann, Körper der Nation.

die zuweilen auch als Produkte des wechselseitigen Austauschs und der zunehmenden Verflechtung der Welt seit der Aufklärung angesehen werden können. Der Begriff der »geteilten Geschichte« (Shalini Randeria) umfasst diese doppelte Bedeutung von gleichzeitiger Verflechtung und Abgrenzung, die auch die Geschichte der Geselligkeit kennzeichnet.[28] Eine vergleichende Begriffsgeschichte unterschiedlicher nationalsprachlicher Traditionen könnte zum einen aufzeigen, wie in die politisch-moralischen Ideen, die an die Geselligkeit geknüpft wurden, unterschiedliche Erfahrungen eingegangen sind, die sich auch sprachlich jeweils anders niederschlugen; zum anderen könnte sie die Bedeutungsverschiebungen im Zuge der Übertragung von Leitbegriffen nachzeichnen.[29] Ähnliches gilt für die Praktiken der Geselligkeit, die ungeachtet formaler Ähnlichkeiten je nach politischem und sozialen Kontext variieren, ja sich wechselseitig ausschließen konnten, wie etwa das Beispiel der Turner gezeigt hat. Darüber hinaus wird die Rolle des Staates als Gegenspieler oder Komplize der geselligen Gesellschaft für die hier betrachteten Länder noch einmal neu zu bewerten sein. Eine vergleichende Geschichte des Vereinigungsrechts seit den Revolutionen des späten 18. Jahrhunderts ist ebenso ein Desiderat wie detaillierte Einzelstudien zum unterschiedlichen alltäglichen Umgang staatlicher Bürokratie mit den geselligen Vereinen. Auch wenn die jüngere Historiographie zum Zarenreich eine Sphäre des Gesellschaftlichen jenseits des Staates entdeckt und umgekehrt die Forschung zu den Vereinigten Staaten zuletzt daran erinnert hat, welche überragende Bedeutung der Staat auch für die amerikanische Bürgergesellschaft besaß, lassen sich gravierende Unterschiede in der politischen Verfassung beider Länder nicht übersehen, die auch die Vereinsgeschichte bestimmt haben.[30] Die in diesem Überblick pointiert betonte gemeinsame Geschichte der »geselligen Gesellschaft« über nationale Grenzen, Selbst- und Fremdbilder hinweg ermöglicht, künftig genauer nach den Unterschieden zu fragen, um neben der Einheit auch die Vielfalt der gemachten Erfahrungen auf dem Weg in die Moderne neu zu vermessen.

---

28 Conrad u. Randeria, Geteilte Geschichte, S. 17.

29 Vgl. beispielhaft Koselleck u.a., Drei bürgerliche Welten?; sowie Fania Oz-Salzberger, Translating the Enlightenment. Scottish Civic Discourse in Eighteenth-Century Germany, Oxford 1995; Jörn Leonhard, Liberalismus. Zur historischen Semantik eines europäischen Deutungsmusters, München 2001; Douglas Howland, Translating the West. Language and Political Reason in Nineteenth-Century Japan, Honolulu 2001.

30 So der Einwand von Theda Skocpol gegen Robert Putnam. Dies., How Americans Became Civic, in: dies. u. Morris Fioring (Hg.), Civic Engagement in American Democracy, Washington, D.C. 1999, S. 27–80; sowie für Kontinentaleuropa die Hinweise bei Nord, Introduction.

IV. Bibliographie raisonnée

übergreifend

Agulhon, M., La sociabilité est-elle object d'histoire?, in: François (Hg.), Sociabilité, S. 13–22. (Knappe Zusammenfassung von Agulhons Forschungsansatz)

–, L'histoire sociale et les associations, in: Revue de l'Économie Sociale, Jg. 14, 1988, S. 35–44.

–, Vers une histoire des associations, in: Esprit, Jg. 6, 1978, S. 13–18. (Skizze von Leitfragen und -hypothesen zur Geschichte der geselligen Vereine)

Banti, A.M., Der Verein, in: H.-G. Haupt (Hg.), Orte des Alltags, München 1994, S. 105–110. (Kurze, allgemein verständliche Einführung)

Bermeo, N. u. P. Nord (Hg.), Civil Society before Democracy. Lessons from Nineteenth Century Europe, Boston 2000. (Wichtiger Sammelband mit vergleichenden historischen Studien zur Geschichte der Zivilgesellschaft; konzeptionelle Leitideen in der Einführung)

Blanning, T.C.W., The Culture of Power and the Power of Culture. Old Regime Europe 1660–1789, Oxford 2002, insbes. Teil II: The Rise of the Public Sphere. (Eine der besten neueren Gesamtdarstellungen)

Bourke, R., Edmund Burke and Enlightenment Sociability. Justice, Honour and the Principles of Government, in: History of Political Thought, Jg. 21, 2000, S. 632–656.

Calhoun, C. (Hg.), Habermas and the Public Sphere, Cambridge, Mass. 1992. (Standardbuch zur Kritik des Öffentlichkeit-Konzepts, mit einer Replik von Habermas)

Chartier, R., Der Lesezirkel, in: H.-G. Haupt (Hg.), Orte des Alltags, München 1994, S. 185–192.

Cohen, J. u. J. Rogers, Secondary Associations and Democratic Governance, in: Politics & Society, Jg. 20, 1992, S. 393–472.

Dann, O. (Hg.), Lesegesellschaften und bürgerliche Emanzipation. Ein europäischer Vergleich, München 1981.

Eisenberg, C., Arbeiter, Bürger und der »bürgerliche Verein« 1820–1870. Deutschland und England im Vergleich, in: Kocka (Hg.), Bürgertum, S. 187–219.

–, ›English Sports‹ und deutsche Bürger. Eine Gesellschaftsgeschichte 1800–1939, Paderborn 1999.

Eley, G., Nations, Publics, and Political Cultures. Placing Habermas in the Nineteenth Century, in: Calhoun (Hg.), Habermas, S. 289–339.

François, E. (Hg.), Sociabilité et société bourgeoise en France, en Allemagne et en Suisse, 1750–1850. Geselligkeit, Vereinswesen und bürgerliche Gesellschaft in Frankreich, Deutschland und der Schweiz, 1750–1850, Paris 1986. (Erster vergleichender Sammelband zum Thema)

– u.a. (Hg.), Nation und Emotion. Deutschland und Frankreich im Vergleich, 19.–20. Jahrhundert, Göttingen 1995. (Enthält auch einige Aufsätze zu nationalen Vereinen)

Garber, K. u. H. Wismann (Hg.), Europäische Sozietätsbewegung und demokratische Tradition. Die europäischen Akademien der Frühen Neuzeit zwischen Frührenaissance und Spätaufklärung, Tübingen 1996.

Gemelli, G. u. M. Malatesta, Forme di sociabilità nella storiografia francese contemporanea, Mailand 1982. (Einführung in das ›sociabilité‹-Konzept Agulhons)

Goodman, D., Public Sphere and Private Life. Toward a Synthesis of Current Historiographical Approaches to the Old Regime, in: History and Theory, Jg. 31, 1992, S. 1–20. (Kritische Auseinandersetzung mit den Thesen von Koselleck und Habermas)

Graf, F.W. u.a. (Hg.), Soziales Kapital in der Bürgergesellschaft, Stuttgart 1999. (Zu den Thesen von Putnam)

Gutmann, A. (Hg.), Freedom of Association, Princeton 1998.

Habermas, J., Strukturwandel der Öffentlichkeit. Untersuchungen zu einer Kategorie der bürgerlichen Gesellschaft [1962], Frankfurt 1991. (Standardbuch zur Genese von Öffentlichkeit im 18. Jahrhundert, das eine ganze Forschungsrichtung ausgelöst hat, die viele der Grundannahmen der Studie historisch revidiert; die neue Einleitung von 1991 nimmt einiges von der Kritik auf)

Haupt, H.-G. u. G. Crossick, Die Kleinbürger. Eine europäische Sozialgeschichte des 19. Jahrhunderts, München 1998. (Enthält auch ein Kapitel zur Geselligkeit)

Hellmuth, E. (Hg.), The Transformation of Political Culture. England and Germany in the Late Eighteenth Century, Oxford 1990.

Hildermeier, M. u.a. (Hg.), Europäische Zivilgesellschaft in Ost und West. Begriff, Geschichte, Chancen, Frankfurt 2000.

Hobsbawm, E.J., Das Ritual in Sozialbewegungen, in: ders., Sozialrebellen. Archaische Sozialbewegungen im 19. und 20. Jahrhundert, Giessen 1979, S. 197–227.

Hont, I., The Language of Sociability and Commerce. Samuel Pufendorf and the Theoretical Foundations of the Four-Stages Theory, in: A. Padgen (Hg.), The Language of Political Theory in Early Modern Europe, Cambridge 1987, S. 253–276.

Im Hof, U., Das gesellige Jahrhundert. Gesellschaft und Gesellschaften im Zeitalter der Aufklärung, München 1982. (Gute Einführung in das Thema für das 18. Jahrhundert)

Jacob, M.C., The Radical Enlightenment. Pantheists, Freemasons and Republicans, London 1981.

–, Living the Enlightenment. Freemasonry and Politics in Eighteenth Century Europe. New York 1991. (Betont die politische Bedeutung der Logen für die Entstehung von zivilen Gesellschaften in Großbritannien und Kontinentaleuropa)

–, The Enlightenment Redefined. The Formation of Modern Civil Society, in: Social Research, Jg. 58, 1991, S. 475–95.

–, Money, Equality, Fraternity. Freemasonry and the Social Order in Eighteenth Century Europe, in: T.L. Haskell u. R.F. Teichengraeber III (Hg.), The Culture of the Market, Cambridge 1993, S. 102–35.

Katz, J., Jews and Freemasons in Europe 1723–1939, Cambridge, Mass. 1970.

Klein, L.E., Sociability, Solitude and Enthusiasm, in: ders. u. A. La Vopa (Hg.), Enthusiasm and Enlightenment in Europe, 1650–1850 (= Huntington Library Quarterly, Jg. 60, H. 1/2), Oxford 1998, 153–77.

Klein, N., L'humanité, le christianisme, et la liberté. Die internationale philhellenische Vereinsbewegung der 1820er Jahre, Mainz 2000.

Koselleck, R., Kritik und Krise. Eine Studie zur Pathogenese der bürgerlichen Welt, Frankfurt 1989. (Grundlagentext zur Genese von Öffentlichkeit und Geheimnis im 18. Jahrhundert, der selbst Gegenstand einer andauernden Forschungskontroverse wurde)

La Vopa, A.J., Conceiving a Public: Ideas and Society in Eighteenth Century Europe, in: Journal of Modern History, Jg. 64, 1992, S. 79–116. (Hervorragende Kritik der Thesen von Koselleck und Habermas)

Lieske, A., Arbeiterbewegung, Bürgertum und kulturelle Praxis in Leipzig und Pilsen bis 1914, Diss. FU Berlin 2003.

Lubelski-Bernard, N., Freemasonry and Peace in Europe, 1867–1914, in: C. Chatfield u. P. van den Dungen (Hg.), Peace Movements and Political Cultures, Knoxville 1988, S. 81–94.

Ludz, P.C. (Hg.), Geheime Gesellschaften, Heidelberg 1979.

Mah, H., Phantasies of the Public Sphere. Rethinking the Habermas of the Historians, in: Journal of Modern History, Jg. 72, 2000, S. 153–182.

Maza, S., Women, the Bourgeoisie, and the Public Sphere, in: French Historical Studies, Jg. 17, 1992, S. 935–950.

Van Horn Melton, J., The Rise of the Public in Enlightenment Europe, Cambridge 2001. (Beste kurze englischsprachige Überblicksdarstellung zum Thema für das 18. Jahrhundert)

Murdock, C., ›The Leaky Boundaries of Man-Made-States‹. States, Nations, Regions, and Daily Life in the Saxon-Bohemian Borderlands, 1870–1938, Diss. Stanford 2003.

Nord, P., Introduction, in: N. Bermeo u. P. Nord (Hg.), Civil Society before Democracy, S. xiii–xxxiii.

Putnam, R.D., Making Democracy Work. Civic Traditions in Modern Italy, Princeton 1993.

–, Bowling Alone. America's Declining Social Capital, in: Journal of Democracy, Jg. 6, 1995, S. 65–78.

–, The Strange Disappearance of Civic America, in: The American Prospect, 1996, Nr. 24, S. 34–48.

–, Bowling Alone. The Collapse and Revival of American Community, New York 2000. (Vertritt im Anschluss an Tocqueville die These, dass die amerikanische Demokratie ohne die geselligen Vereine nicht funktioniert)

Quéniart, J., Les formes de sociabilité musicale en France et en Allemagne, 1750–1850, in: François (Hg.), Sociabilité, S. 135–147.

Reinalter, H. (Hg.), Freimaurer und Geheimbünde im 18. Jahrhundert in Mitteleuropa, Frankfurt 1983.

– (Hg.), Aufklärung und Geheimgesellschaften. Zur politischen Funktion und Sozialstruktur der Freimaurerlogen im 18. Jahrhundert, München 1989.

Russo, E. (Hg.), Exploring the Conversible World. Text and Sociability from the Classical Age to the Enlightenment, New Haven 1997 (= Yale French Studies, Nr. 92).

Schieder, T. u. O. Dann, Nationale Bewegung und soziale Organisation. Vergleichende Studien zur nationalen Vereinsbewegung des 19. Jahrhunderts in Europa, München 1978.

Skocpol, T. u.a., Unsolved Mysteries. The Tocqueville Files, in: The American Prospect, 1996, Nr. 25, S. 17–27.

–, The Tocqueville Problem. Civic Engagement in American Democracy, in: Social Science History, Jg. 21, 1997, S. 455–479.

–, How Americans Became Civic, in: dies. u. Morris Fioring (Hg.), Civic Engagement in American Democracy, Washington, D.C. 1999, S. 27–80. (Kritik der Thesen von Putnam auf der Grundlage von eigenen statistischen Erhebungen)

– u. Morris Fioring (Hg.), Civic Engagement in American Democracy, Washington, D.C. 1999.

–, Diminished Democracy. From Membership to Management in American Civic Life, Norman, Ok. 2003. (Diskutiert die Bedeutung der Assoziationen für die Geschichte und Gegenwart der amerikanischen Demokratie aus soziologischer Perspektive)

Tacke, C., Denkmal im sozialen Raum. Nationale Symbole in Deutschland und Frankreich im 19. Jahrhundert, Göttingen 1995. (Innovative Anwendung des *sociabilité*-Konzepts auf nationale Vereine)

de Tocqueville, A., Über die Demokratie in Amerika [1840], Zürich 1987. (Grundlagentext zur politischen Theorie der Vereine)

Trentmann, F. (Hg.), Paradoxes of Civil Society. New Perspectives on Modern German and British History, Providence 2000. (Sammlung von neueren Studien zum Thema Zivilgesellschaft; die Einführung fasst den aktuellen Forschungsstand exzellent zusammen)

Warren, M.E., Democracy and Associations, Princeton 2001. (Zusammenfassung des gegenwärtigen politikwissenschaftlichen Forschungsstandes; ohne historische Dimension)

Weber, M., Geschäftsbericht, in: Verhandlungen des Ersten Deutschen Soziologentages vom 19. bis 22. Okt. 1910 in Frankfurt/M., Tübingen 1911, S. 52–62. (Skizze einer Typologie des Vereinswesens)

Vereinigte Staaten von Amerika

Beito, D.T., To Advance the »Practice of Thrift and Economy«. Fraternal Societies and Social Capital, 1890–1920, in: Journal of Interdisciplinary History, Jg. 29, 1999, 585–612.

Blumin, S.M., The Hypothesis of Middle-Class Formation in Nineteenth Century America. A Critique and Some Proposals, in: American Historical Review, Jg. 90, 1985, S. 299–338.

–, The Emergence of the Middle Class. Social Experience in the American City, 1760–1900, Cambridge 1989. (Eine der vielen detailreichen Studien zur Sozial- und Kulturgeschichte der amerikanischen Mittelklassen am Beispiel einer Stadt, mit einem Kapitel zur Bedeutung der geselligen Vereine)

Boylan, A., Women in Groups. An Analysis of Women's Benevolent Organizations in New York and Boston 1797–1840, in: Journal of American History, Jg. 71, 1984, S. 497–523.

Brown, R.D., The Emergence of Urban Society in Rural Massachusetts, 1760–1820, in: Journal of American History, Jg. 61, 1974, S. 29–51. (Grundlagentext zur Entstehung des amerikanischen Vereinswesens)

Bullock, S.C., The Revolutionary Transformation of American Freemasonry, 1752–1792, in: William and Mary Quarterly, Jg. 47, 1990, S. 347–369.

–, Revolutionary Brotherhood. Freemasonry and the Transformation of the American Social Order, 1730–1840, Chapel Hill 1996.

Carnes, M.C., Secret Ritual and Manhood in Victorian America, New Haven 1989.

–, Middle-Class Men and the Solace of Fraternal Ritual, in: ders. u. C. Griffen (Hg.), Meanings for Manhood. Constructions of Masculinity in Victorian America, Chicago 1990, S. 37–66.

Clawson, M.A., Nineteenth Century Women's Auxiliaries and Fraternal Orders, in: Signs, Jg. 12, 1986, S. 40–61.

–, Constructing Brotherhood. Class, Gender and Fraternalism, Princeton 1989.

Deutsch, S., Learning to talk more like a man. Boston Women's Class Bridging Organizations, 1870–1940, in: American Historical Review, Jg. 97, 1992, S. 379–404.

Doyle, D.H., The Social Function of Voluntary Associations in a Nineteenth Century American Town, in: Social Science History, Jg. 1, 1977, S. 333–355.

–, The Social Order of a Frontier Community: Jacksonville, Illinois, 1825–1870, Urbana, Ill. 1978, S. 178–193.

Dumenil, L., Freemasonry and American Culture, 1880–1930, Princeton 1984.

Fels, A.D., Religious Assimilation in a Fraternal Organization: Jews and Freemasonry in Gilded-Age San Francisco, in: American Jewish History, Jg. 74, 1985, S. 369–403.

–, The Square and Compass: San Francisco's Freemasons and American Religion, 1870–1900, Diss. Stanford University 1987.

Gamm, G. u. R.D. Putnam, The Growth of Voluntary Associations in America, 1840–1940, in: Journal of Interdisciplinary History, Jg. 29, 1999, S. 511–557. (Fasst die statistischen Ergebnisse eines Harvard-Forschungsprojektes zusammen)

Gilkeson, J.S. Jr., A City of Joiners: Voluntary Associations and the Formation of the Middle Class in Providence, 1830–1920, Diss. Brown University 1981.

–, Middle-Class Providence, 1820–1940, Princeton 1986.

–, Voluntary Associations, in: J.P. Greene (Hg.), Encyclopedia of American Political History. Studies of the Principal Movements and Ideas, Bd. 3, New York 1984, S. 1348–1361. (Einzige knappe Überblicksdarstellung der amerikanischen Vereinsgeschichte)

Gist, N., Secret Societies. A Study of Fraternalism in the United States, in: University of Missouri Studies. A Quarterly of Research, Jg. 15, 1940, S. 1–184.

Glazer, W.S., Participation and Power. Voluntary Organization and the Functional Organizaton of Cincinatti in 1840, in: Historical Methods Newsletter, Jg. 5, 1972, S. 151–168.

Greenberg, B., Worker and Community. Fraternal Orders in Albany, New York, 1845–1885, in: Maryland Historian, Jg. 8, 1977, S. 38–53.

Isenberg, N., Sex and Citizenship in Antebellum America, Chapel Hill 1998.

Kauffmann, C., Faith and Fraternalism. The History of the Knights of Columbus, New York 1992.

Lipson, D.A., Freemasonry in Federalist Connecticut, Princeton 1977.

McBee, R.D., »He Likes Women More Than He Likes Drink and That Is Quite Unusual«. Working-Class Social Clubs, Male Culture, and Heterosexual Relations in the United States 1920s-1930s, in: Gender & History, Jg. 11, 1999, S. 84–112.

McCarthy, K.D., Noblesse Oblige. Charity and Cultural Philanthropy in Chicago, 1849–1929, Chicago 1982.

Nash, G., Forging Freedom. The Formation of Philadelphia's Black Community 1720–1840, Cambridge 1988.

Rosenzweig, R., Boston Masons, 1900–1935. The Lower Middle Class in a Divided Society, in: Journal of Voluntary Action Research, Jg. 6, 1977, S. 119–126.

Ryan, M.P., Cradle of the Middle Class. The Family in Oneida County, New York, 1790–1865, Cambridge 1981. (Grundlegende Studie zur Familiengeschichte, welche die Bedeutung der Vereine mit einbezieht und die Teilhabe von Frauen an den geselligen Vereinen nachweist)

–, Civic Wars. Democracy and Public Life in the American City During the Nineteenth Century, Berkeley 1997.

–, Civil Society as Democratic Practice. North American Cities during the Nineteenth Century, in: Journal of Interdisciplinary History, Jg. 29, 1999, S. 559–584.

–, Gender and Public Access. Women's Politics in Nineteenth Century America, in: Calhoun (Hg.), Habermas, S. 259–288.

–, Women in Public. Between Banners and Ballots, 1825–1880, Baltimore 1990.

Schlesinger, A.M., Biography of a Nation of Joiners, in: American Historical Review, Jg. 50, 1944, S. 1–25. (Grundlagentext für die amerikanische Vereinsgeschichte)

Scobey, D., Anatomy of the Promenade. The Politics of Bourgeois Sociability in Nineteenth Century New York, in: Social History, Jg. 17, 1992, S. 203–227.

Soyer, D., Jewish Immigrant Associations and American Identity in New York 1880–1939, Cambridge 1997.

Großbritannien

Bailey, P., ›A Mingled Mass of Perfectly Legitimate Pleasures‹. The Victorian Middle Class and the Problem of Leisure, in: Victorian Studies, Jg. 21, 1977, S. 7–28.

–, Business and Good Fellowship in the London Music Hall, in: ders., Popular Culture and Performance in the Victorian City, Cambridge 1998, S. 80–100.

Barker-Benfield, G.J., The Culture of Sensibility. Sex and Society in Eighteenth Century Britain, Chicago 1992.

Barry, J., Bourgeois Collectivism? Urban Association and the Middling Sort, in: J. Barry u. C. Brooks (Hg.), The Middling Sort of People. Culture, Society, and Politics in England 1550–1800, New York 1994, S. 84–112.

Birke, A.M., Voluntary Associations. Aspekte gesellschaftlicher Selbstorganisation im früh-industriellen England, in: Gesellschaftliche Strukturen als Verfassungsproblem. Intermediäre Gewalten, Assoziationen, öffentliche Körperschaften im 18. u. 19. Jahrhundert, Berlin 1978, S. 79–91.

Brewer, J., The Pleasures of Imagination. English Culture in the Eighteenth Century, New York 1997, S. 98–113.

Borsay, P., The English Urban Renaissance. Culture and Society in the Provincial Town 1660–1770, Oxford 1991. (Eine von vielen englischen Studien, die am Beispiel einer Stadt die Entstehung eines dichten Vereinsnetzwerkes detailliert aufzeigt)

Clark, P., Sociability and Urbanity. Clubs and Societies in the Eighteenth Century City, Leicester 1986.

–, British Clubs and Societies 1580–1800. The Origins of an Associational World, New York 2000. (Beste Überblicksdarstellung für die britische Vereinsgeschichte des 17. und 18. Jahrhunderts, mit einem Ausblick bis in die Gegenwart)

Cowan, B., The Social Life of Coffee. Commercial Culture and Metropolitan Society in Early Modern England, 1600–1720, Diss. Princeton 2000.

–, What was Masculine about the Public Sphere? Gender and the Coffeehouse Milieu in Post-Restoration England, in: History Workshop, Nr. 51, 2001, S. 127–158.

Davidoff, L., The Best Circles. Society Etiquette and the Season, London 1973.

– u. C. Hall, Family Fortunes. Men and Women of the English Middle Class, 1750–1850, London 1987. (Bahnbrechende geschlechtergeschichtliche Studie zur Entstehung von privaten und öffentlichen Räumen, u.a. durch die Bildung von Klubs und Vereinen)

Dwyer, J., The Imperative of Sociability. Moral Culture in the Late Scottish Enlightenment, in: British Journal for Eighteenth Century Studies, Jg. 13, 1990, S. 169–184.

– (Hg.), Sociability and Society in Eighteenth Century Scotland, Edinburgh 1993.

Emerson, R.L., The Social Composition of Enlightened Scotland. The Select Society of Edinburgh 1754–1764, in: Studies on Voltaire and the Eighteenth Century, Jg. 114, 1973, S. 291–239.

Gosden, P.H.J.H., The Friendly Societies in England, 1815–1875, Manchester 1961.

–, Self-Help. Voluntary Associations in Nineteenth Century Britain, London 1973.

Gunn, S., The Public Culture of the Victorian Middle Class. Ritual and Authority and the English Industrial City 1840–1914, Manchester 2000.

Kidd, A.J. u. K.W. Roberts (Hg.), City, Class, and Culture. Studies of Social Policy and Cultural Production in Victorian Manchester, Manchester 1985.

Klein, L.E., Shaftesbury and the Culture of Politeness. Moral Discourse and Cultural Politics in Early Eighteenth Century England, Cambridge 1994.

–, The Figure of France. The Politics of Sociability in England, in: Russo (Hg.), Conversible World, S. 30–45.

Koditschek, T., Class Formation and Urban Industrial Society. Bradford 1750–1850, Cambridge 1990.

Lowerson, J., Sport and the English Middle Classes, 1870–1914, Manchester 1993. (Materialreiche Studie zur englischen Sportgeselligkeit)

Money, J., Experience and Identity. Birmingham and the West Midlands, 1760–1800, Manchester 1977.

–, Freemasonry and the Fabric of Loyalism in Hanoverian England, in: Hellmuth (Hg.), Political Culture, S. 235–271.

–, The Masonic Moment; Or, Ritual, Replica, and Credit: John Wilkes, the Macaroni Parson, and the Making of the Middle-Class Mind, in: Journal of British Studies, Jg. 32, 1993, S. 358–395.

Morris, R.J., Voluntary Societies and British Urban Elites, 1780–1850, in: Historical Journal, Jg. 26, 1983, S. 95–119. (Grundlagentext zur englischen Vereinsgeschichte)

–, Class, Sect, and Party. The Making of the British Middle Class. Leeds, 1820–1850, Manchester 1990.

–, Clubs, Societies and Associations, in: F.M.L. Thompson (Hg.), The Cambridge Social History of Britain, 1750–1950, Bd. 3, Cambridge 1990, S. 403–443. (Einzige knappe Überblicksdarstellung der britischen Vereinsgeschichte von den Anfängen bis ins 20. Jahrhundert)

Mullan, J., Sentiment and Sociability. The Language of Feeling in the Eighteenth Century, Oxford 1988.

O'Neill, J., Self Help in Nottinghamshire. The Woodborough Male Friendly Society 1826–1954, in: Transactions of the Thorton Society of Nottinghamshire, Jg. 90, 1986, S. 57–63.

Pincus, S., ›Coffee Politicians Does Create‹. Coffeehouses and Restoration Political Culture, in: Journal of Modern History, Jg. 67, 1995, S. 807–834.

Plumb, J.H., The Public, Literature, and the Arts in the Eighteenth Century, in: M.R. Marrus (Hg.), The Emergence of Leisure, New York 1974, S. 11–37. (Grundlagentext zur Entstehung von Öffentlichkeit in England im 18. Jahrhundert)

Price, R.N., The Working Men's Club Movement and Victorian Social Reform Ideology, in: Victorian Studies, Jg. 15, 1971, S. 117–147.

Tosh, J., A Man's Place. Masculinity and the Middle-Class Home in Victorian England, New Haven 1999. (Eine von zahlreichen neueren Studien, die zeigen, welche Bedeutung die Vereine im 19. Jahrhundert für die Herausbildung eines spezifischen Männlichkeitsbildes besaßen)

Yeo, S., Religion and Voluntary Associations in Crisis, London 1976. (Exemplarische Lokalstudie zum Vereinswesen in Reading zwischen 1890 und 1914)

Frankreich

Agulhon, M., La sociabilité méridonale. Confréries et associations dans la vie collective en provence orientale à la fin du XVIIIᵉ siècle, 2 Bde., Aix-en-Provence 1966; Neuauflage: Pénitents et Francs Maçons de l'ancienne Province, Paris 1984. (Grundlagenwerk zur französischen Soziabilitätsgeschichte)

–, Le cercle dans la France bourgeoisie 1810–1848. Étude d'une mutation de sociabilité, Paris 1977.

–, La République au village. Les populations du Var de la Révolution à la IIe République, Paris 1979. (Einflussreiche Studie zur Bedeutung der lokalen Soziabilität für die republikanische Tradition im ländlich geprägten Departement Var in Südfrankreich)

– u. M. Bodiguel, Les associations au village, Le Paradou 1981.

–, Das Gemeinschaftsleben der Arbeiterklasse vor 1848, in: ders., Der vagabundierende Blick. Für ein neues Verständnis politischer Geschichtsschreibung, Frankfurt 1995, S. 14–50.

–, Postface, in: La sociabilité méridonale (Provence – Languedoc – Roussillon), Themenheft von Provence historique, Bd. XLVII, 1997, Nr. 187.

Amann, P.H., Revolution and Mass Democracy. The Paris Club Movement in 1848, Princeton 1975.

Aprile, S., La République au salon: vie et mort d'une forme sociabilité politique (1865–1895), in: Revue d'histoire moderne et contemporaine, Jg. 38, 1991, S. 473–487.

Arnaud, P., u. J. Calmy (Hg.), Les naissances du mouvement sportif associatif en France. Sociabilités et forms de pratiques sportives, Lyon 1986.

–, (Hg.) Les Athlétes de la République. Gymnastique, sport et idéologie républicaine, 1870–1914, Toulouse 1987.

– u. A. Gounot, Mobilisierung der Körper und republikanische Selbstinszenierung in Frankreich (1879–1889). Ansätze zu einer vergleichenden deutsch-französischen Sportgeschichte, in: François u.a. (Hg.), Nation und Emotion, S. 300–320.

Aymard, M., Freundschaft und Geselligkeit, in: P. Ariès u. G. Duby (Hg.), Geschichte des privaten Lebens, Bd. 3: Von der Renaissance bis zur Aufklärung, hg. v. P. Ariès u. R. Chartier, Frankfurt 1991, S. 451–495.

Baker, A.R.H., Fraternity Among the French Peasantry. Sociability and Voluntary Associations in the Loire Valley, 1815–1914, Cambridge 1999.

Bardout, J.C., Les Libertés d'association. Histoire étonnante de la loi de 1901, Paris 1991. (Neuestes Standardbuch zur Geschichte des französischen Vereinsrechts)

Berstein, S., La franc-maçonnerie et la République (1870–1940), in: Histoire, Jg. 49, 1982, S. 28–37.

Boutier, J. u. P. Boutry, Les Sociétés politiques en France de 1789 á l'an III: »une machine«, in: Revue d'histoire moderne et contemporaine, Jg. 36, 1989, S. 29–67.

–, u.a., Atlas de la Révolution française, Bd. 6: Les sociétés politiques, Paris 1992. (Überblicksdarstellung der in der Französischen Revolution gegründeten politischen Klubs)

Brengues, Jacques, Aspects de la Franc-Maçonnerie Française, in: La sociabilité en Normadie, hg. v. der Association de Recherche sur la Sociabilité u. den Musées départementaux de la Seine-Maritime, Rouen 1983, S. 162–172.

Burke, J.M., Sociability, Friendship and the Enlightenment among Women Freemasons in 18th Century France, Diss. Arizona State Univ. 1986.

–, Through Friendship to Feminism. The Growth in Self-Awareness Among Eighteenth

Century Women Freemasons, in: Proceedings of the Annual Meeting of the Western Society for French History, Bd. 14, 1987, S. 187–96.

–, Freemasonry, Friendship and Noblewoman. The Role of the Secret Society in Bringing Enlightenment Thought to Pre-Revolutionary Women Elites, in: History of European Ideas, Jg. 10, 1989, S. 283–93.

– u. M.C. Jacob, French Freemasonry, Women, and Feminist Scholarship, in: Journal of Modern History, Jg. 68, 1996, S. 513–49. (Weist den Anteil von Frauen an der Logengeselligkeit des 18. Jahrhunderts nach)

Chaline, J.-P., Sociabilité et érudition. Les sociétés savantes en France, XIXe-XXe siècles, Paris 1982.

–, La Franc-Maçonnerie en Haute-Normadie aux XVIII et XIXe siècle, in: La sociabilité en Normadie, hg. v. der Association de Recherche sur la Sociabilité u. den Musées départementaux de la Seine-Maritime, Rouen 1983, S. 173–176.

Chartier, R., u. D. Roche, Les Pratiques urbaines de l'imprimé, in: R. Chartier u. H.J. Martine (Hg.), L'Histoire de l'edition française, Bd. 2, Paris 1984, S. 402–429.

–, Lecture et lecteurs dans la France d'Ancien Régime, Paris 1987. (Standardbuch zur Geschichte des Lesens)

–, Die kulturellen Ursprünge der Französischen Revolution, Frankfurt 1995. (Einführung in die Forschungsdiskussion zum Zusammenhang von Aufklärung und Französischer Revolution)

Chevallier, P., La maçonnerie francaise et la maçonnerie allemande en 1870–71, in: Annales de l'Est. Faculté des lettres de l'Université de Nancy, Jg. 25, 1973, S. 77–94.

–, Histoire de la franc-maçonnerie francaise, Bd. 2: L'Eglise de la République 1877–1944, Paris 1975.

Cochin, A., Les sociétés de pensée et la démocratie, Étude d'histoire révolutionnaire [1921], ND u.d.T.: L'esprit du Jacobinisme, une Interprétation Sociologique de la Révolution Française, Paris 1979.

Conseil Economique et Social (Hg.), Exercice et developpement de la vie associative dans la cadre de la loi du 1er Juillet 1901, Paris 1993.

Cubitt, G., Catholics versus Freemasons in Late-Nineteenth Century France, in: F. Tallett u. N. Atkins (Hg.), Religion, Society and Politics in France since 1789, London 1991, S. 121–136.

Daymard, A., La bourgeoisie parisienne de 1815 à 1848, Paris 1963.

Elwitt, S., Social Reform and Social Order in Late-Nineteenth Century France. The Musée Sociale and Its Friends, in: French Historical Studies, Jg. 11, 1980, S. 431–451.

Fox, R., Learning, Politics, and Polite Culture in Provincial France. The *Sociétés Savantes* in the Nineteenth Century, in: Historical reflections/ Réflexions historiques, Jg. 7, 1980, S. 543–564.

–, The *Savant* Confronts his Peers. Scientific Societies in France 1815–1914, in: R. Fox u. G. Weisz (Hg.), The Organization of Science and Technology in France 1808–1914, Cambridge 1980, S. 241–282.

François, E. u. R. Reichardt, Les formes de sociabilité en France du milieu du XVIIIe siècle au milieu du XIXe siècle, in: Revue d'histoire moderne et contemporaine, Jg. 34, 1987, S. 453–472. (Beste Einführung in die Geschichte der französischen Soziabilitätsforschung)

Furet, F., 1789 – Vom Ereignis zum Gegenstand der Geschichtswissenschaft, Frankfurt 1980. (Grundlagentext zur politischen Kultur der französischen Aufklärung)

Gauthier, M.-V., Chanson, sociabilité et grivoiserie au XIXe siècle, Paris 1992.

Gayot, G., Les relations de pouvoir dans la franc-maçonnerie française, 1750–1850, in: François (Hg.), Sociabilité, S. 203–212.

–, War die französische Freimaurerei des 18. Jahrhunderts eine Schule der Gleichheit?, in: H.E. Bödeker u. E. François (Hg.), Aufklärung/Lumières und Politik. Zur politischen Kultur der deutschen und französischen Aufklärung, Leipzig 1996, S. 235–247.

Gerbod, P., Loisirs et santé. Les cures thermes en France (1850–1900), in: Oisiveté et Loisirs dans les sociétés occidentales au 19e siècle, Abbeville 1983, S. 195–205.

–, Le loisir aristocratique dans les villes d'eaux française et allemandes au XIXe siècle, in: K.F. Werner (Hg.), Hof, Kultur und Politik im 19. Jahrhundert, Bonn 1985, S. 139–154.

Goodman, D., The Republic of Letters. A Cultural History of the French Enlightenment, Ithaca 1994.

–, Regendering the Republic of Letters. Private Association in the Public Sphere 1780–1789, in: D. Castiglione u. L. Sharpe (Hg.), Shifting the Boundaries. Transformations of the Languages of Public and Private in the Eighteenth Century, Exeter 1995, S. 22–40.

Gordon, D., Citizens without Sovereignty. Equality and Sociability in French Thought, 1670–1789, Princeton 1994.

Grange, A., L'Apprentissage d l'association 1850–1914, Paris 1993.

Gumplowicz, P., Les travaux d'orphée, Paris 1987.

Haine, W., Café Friend. Friendship and Fraternity in Parisian Working Class Cafés 1850–1914, in: Journal of Contemporary History, Jg. 27, 1992, S. 607–626.

–, World of the Paris Café. Sociability Among the French Working Class, 1789–1914, Baltimore 1998.

Halévi, R., Les Loges maçonniques dans la France d'Ancien Régime. Aux origines de la sociabilité démocratique, Paris 1984. (Grundlegende Studie zu den französischen Logen im 18. Jahrhundert)

Halpern, A., The Democratisation of France, 1840–1901. Sociabilité, Freemasonry and Radicalism, Atlanta 1999.

Harrison, C.E., Unsociable Frenchmen. Associations and Democracy in Historical Perspective, in: The Tocqueville Review, Jg. 17, 1996, S. 37–56. (Zeigt, warum Tocqueville die Bedeutung der geselligen Vereine für die französischen Gesellschaft nicht erkannt hat)

–, The Bourgeois Citizen in Nineteenth Century France: Gender, Sociability, and the Uses of Emulation, Oxford 1999. (Beste neuere Studie zum bürgerlichen, männlich geprägten Assoziationswesen Frankreichs in der ersten Hälfte des 19. Jahrhunderts)

Hazareesingh, S. u. V. Wright, Francs-Maçons sous le Second Empire. Les Loges provinciales du Grand-Orient à la veille de la Troisième République, Rennes 2001.

Headings, M.J., French Freemasonry under the Third Republic. Baltimore 1949.

Holt, R., Sport and Society in Modern France, London 1981.

Huard, R., Political Associations in Nineteenth Century France. Legislation and Practice, in: Bermeo u. Nord (Hg.), Civil Society before Democracy, S. 135–153.

–, Sociabilité et politique en Languedoc méditerranéen des lendemains de la Restauration à la fin de 1849, in: François (Hg.), Sociabilité, S. 299–311.

Hunt, L. u. G. Sheridan, Corporatism, Association, and the Language of Labour, in: Journal of Modern History, Jg. 58, 1986, S. 813–844.

Johnson, M.P., The Paradise of Association. Political Culture and Popular Organization in the Paris Commune of 1871, Ann Arbor 1996.

Judt, T., Socialism in Provence. A Study in the Origins of the Modern French Left, Cambridge 1979.

Mills, H., Negotiating the Divide. Women, Philanthropy, and the Public Sphere in Nineteenth Century France, in: F. Tallett u. N. Atkin (Hg.), Religion, Society, and Politics in France since 1789, London 1991, S. 29–54.

Morange, J., La Liberté d'association en droit public français, Paris 1977.

Nord, P., Republicanism and Utopian Vision. French Freemasonry in the 1860s and 1870s, in: Journal of Modern History, Jg. 63, 1991, S. 213–229.

–, The Republican Moment. Struggles for Democracy in Nineteenth Century France, Cambridge, Mass. 1995.

Pailhés, J.L., En marge de bibliothéques. L'apparition des cabinets de lecture, in: Histoire des bibliothéques françaises, Bd. 2: Les bibliothéques sous l'Ancien Régime, hg. v. C. Jolly, Paris 1988.

Pellissier, C., Loisirs et sociabilités des notables lyonnais au XIXe siècle, Lyon 1996.

Peyrard, C., Les débats sur le droit d'association et de réunion sous le Directoire, in: Annales historiques de la Révolution française, Jg. 3, 1994, S. 463–478.

Ponton, R., Une Histoire des sociabilités politiques, in: Annales, Jg. 35, 1980, S. 1269–1280.

Rasmussen, A., Sciences et sociabilités: un ›tout petit monde‹ au tournant du siècle, in: Revue d'histoire moderne et contemporaine, Jg. 44, 1997, S. 49–57.

Reichardt, R., Zur Soziabilität in Frankreich beim Übergang vom Ancien Regime zur Moderne, in: François (Hg.), Sociabilité, S. 27–41. (Gute Einführung in die Soziabilitätsforschung, insbesondere in das Werk Agulhons)

Richez, J.-C., Aux origines du mouvement gymnique dans la France de l'Est. Culture du corps et culture politique, in: A. Wahl (Hg.), Des jeux et des sports, Metz 1986, S. 65–83.

Rioux, J.P., Nationalisme et conservatisme. La Ligue de la patrie française 1899–1904, Paris 1977.

Roche, D., La siècle des lumières en province. Académies et académiens provinciaux, 1680–1789, 2 Bde., Paris 1978.

–, Die Sociétés de pensée und die aufgeklärten Eliten im 18. Jahrhundert, in: R. Reichardt u. H.-U. Gumbrecht (Hg.), Sozialgeschichte der Aufklärung in Frankreich, München 1981, S. 77–115.

–, Académies et politique au siècle des lumières. Les enjeux pratiques de l'immoralité, in: K.M. Baker (Hg.), The French Revolution and the Creation of a Modern Political Culture, Bd. 1: The Political Culture of the Old Regime, Oxford 1987, S. 331–343.

–, Les républicains des lettres. Gens de culture et Lumiéres au XVIIIe siècle, Paris 1988. (Beste Gesamtdarstellung der französischen Aufklärung)

–, Literarische und geheime Gesellschaftsbildung im vorrevolutionären Frankreich: Akademien und Logen, in: Dann (Hg.), Lesegesellschaften, S. 181–196.

Saunier, E., Révolution et sociabilité en Normandie au tournant des XVIIIe et XIXe siècles. 6000 franc-maçons normands de 1750 à 1830, Rouen 1995.

Schrader, F.E., Sociétés de pensée zwischen Ancien Regime und Französischer Revolution. Genese und Rezeption einer Problemstellung von Augustin Cochin, in: Francia, Jg. 12, 1984, S. 571–608.

–, Soziabilitätsgeschichte der Aufklärung. Zu einem europäischen Forschungsproblem, in: Francia, Jg. 19, 1992, S. 177–194.

–, Aufklärungssoziabilität und Politik in Bordeaux, in: H.-E. Bödeker u. E. François (Hg.), Aufklärung/Lumiéres und Politik. Zur politischen Kultur der deutschen und französischen Aufklärung, Leipzig 1996, S. 249–274.

–, Elitenproduktion und Logensoziabilität, in: L. Dupeux u. a. (Hg.), Eliten in Deutschland und Frankreich im 19. und 20. Jahrhundert, Bd. 2, München 1996, S. 127–136.

–, Zur sozialen Funktion von Geheimgesellschaften im Frankreich zwischen Ancien Régime und Revolution, in: A. u. J. Assmann (Hg.), Schleier und Schwelle, Bd. 1: Geheimnis und Öffentlichkeit, München 1997, S. 179–193.

Sewell, W., Work and Revolution in France. The Language of Labor from the Old Regime to 1848, Cambridge 1980.

Thelamon, F. (Hg.), Sociabilité, pouvoirs et société, Rouen 1987.

Turner, P.R., Class, Community and Culture in Nineteenth Century France. The Growth of Voluntary Associations in Roanne, 1860–1914, Diss. University of Michigan, Ann Arbor 1994. (Eine der wenigen Studien zur Geschichte des französischen Assoziationswesens für die zweite Hälfte des 19. Jahrhunderts)

–, Hostile Participants? Working-Class Militancy, Associational Life, and the »Distinctiveness« of the Prewar French Labor Movement, in: Journal of Modern History, Jg. 71, 1999, S. 28–55.

Weintrob, L.R., From Fraternity to Solidarity: Mutual Aid, Popular Sociability, and Social Reform in France, 1880–1914, Diss., UCLA, Los Angeles 1995.

Wright, V., ›Les Freres en Lutte‹? Provincial Freemasonry on the Eve of the Third Republic, in: French Politics and Society, Jg. 9, 1991, S. 39–52.

Zeldin, T., Histoire des passions française, Bd. 3, Paris 1979, S. 156–166, 375–391.

Deutschland

Agethen, M., Geheimbund und Utopie. Illuminaten, Freimaurer und deutsche Spätaufklärung, München 1984.

–, Aufklärungsgesellschaften, Freimaurer, Geheime Gesellschaften, in: Zeitschrift für Historische Forschung, Jg. 14, 1987, S. 439–463.

Beachy, R., Club Culture and Social Authority, Freemasonry in Leipzig, 1741–1830, in: Trentmann (Hg.), Paradoxes, S. 157–175.

–, Recasting Cosmopolitanism. German Freemasonry and Regional Identity in the Early Nineteenth Century, in: Eighteenth Century Studies, Jg. 33, 1999, S. 266–274.

Best, H. (Hg.), Vereine in Deutschland. Vom Geheimbund zur freien gesellschaftlichen Organisation, Bonn 1993.

Björnsson, P., Liberalism and the Making of the ›New Man‹. The Case of Gymnasts in Leipzig, 1845–1871, in: J. Retallack (Hg.), Saxony in German History. Culture, Society, and Politics 1830–1933, Ann Arbor 2000, S. 151–164.

Biefang, A., Politisches Bürgertum in Deutschland 1857–1868. Nationale Organisation und Eliten, Düsseldorf 1994.

Blackbourn, D., The Discreet Charm of the Bourgeoisie, in: ders. u. G. Eley, The Peculiarities of German History, Oxford 1984, S. 159–292. (Grundlagentext zur Revision der deutschen Sonderwegs-These, mit wichtigen Hinweisen zur Bedeutung der Vereine)

Bödeker, H.E., Strukturen der Aufklärungsgesellschaft in der Residenzstadt Kassel, in: Mentalitäten und Lebensverhältnisse. Beispiele aus der Sozialgeschichte der Neuzeit, Göttingen 1982, S. 55–76.

Bösch, F., Das konservative Milieu. Vereinskultur und lokale Sammlungspolitik in ost- und westdeutschen Regionen (1900–1960), Göttingen 2002. (Materialreiche Studie zum konservativen Vereinswesen in Celle und Greifswald)

Chickering, R., We Men Who Feel Most German. A Cultural Study of the Pan-German League, 1894–1914, Boston 1984. (Beispielhafte Studie zur Geschichte nationalistischer Vereine im Kaiserreich)

–, Patriotische Vereine im europäischen Vergleich, in: F. Klein u. K. O. v. Aretin (Hg.), Europa um 1900, Berlin 1989, S. 151–161.

–, Political Mobilization and Associational Life. Some Thoughts on the National Socialist German Workers' Club (e.V.), in: L.E. Jones u. J. Retallack (Hg.), Elections, Mass Politics, and Social Change in Modern Germany, Cambridge 1992, S. 307–328.

Clemens, G.B., Associazioni e politica in Germania (1800–1914), in: Ricerne di Storia Politica N.F., Jg. 1, 1998, S. 199–212.

Dann, O., Die Anfänge politischer Vereinsbildung in Deutschland, in: U. Engelhardt u. a. (Hg.), Soziale Bewegung und politische Verfassung, Stuttgart 1976, S. 197–232.

– (Hg.), Vereinswesen und bürgerliche Gesellschaft in Deutschland, München 1984. (Erster, wichtiger Sammelband zur deutschen Vereinsgeschichte)

–, Vereinsbildung in Deutschland in historischer Perspektive, in: H. Best (Hg.), Vereine in Deutschland, Bonn 1993, S. 119–142.

–, Die bürgerliche Vereinsbildung in Deutschland und ihre Erforschung, in: François (Hg.), Sociabilité, S. 43–51.

–, Sociabilité und Vereinsbildung, in: François (Hg.), Sociabilité, S. 313–316.

Daum, A., Wissenschaftspopularisierung im 19. Jahrhundert. Bürgerliche Kultur, naturwissenschaftliche Bildung und die deutsche Öffentlichkeit, 1848–1914, München 1998.

Davis, B., Reconsidering Habermas, Gender, and the Public Sphere. The Case of Wilhelmine Germany, in: G. Eley (Hg.), Society, Culture, and the State in Germany 1870–1930, Ann Arbor 1996, S. 397–426.

Dotzauer W., Freimaurergesellschaften am Rhein. Aufgeklärte Sozietäten auf dem linken Rheinufer vom Ausgang des Ancien Regime bis zum Ende der napoleonischen Herrschaft, Wiesbaden 1977.

–, Zur Sozialstruktur der Freimaurer in Deutschland im 18. Jahrhundert, in: Reinalter (Hg.), Aufklärung, S. 109–49.

Düding, D., Organisierter gesellschaftlicher Nationalismus in Deutschland (1808–1847). Bedeutung und Funktion der Turner- und Sängervereine für die deutsche Nationalbewegung, München 1984.

Espagne, M., Welches sind die Bestandteile der Aufklärung? Aus dem Pariser Nachlass eines Wetzlarer Freimaurers, in: Jahrbuch der deutschen Schillergesellschaft, Bd. 32, 1988, S. 28–50.

Freudenthal, H., Vereine in Hamburg. Ein Beitrag zur Geschichte und Volkskunde der Geselligkeit, Hamburg 1968.

Frevert, U., Männergeschichte oder die Suche nach dem ›ersten‹ Geschlecht, in: M. Hettling u. a. (Hg.), Was ist Gesellschaftsgeschichte? München 1991, S. 31–43.

Gall, L., Bürgerliche Gesellschaften und bürgerliche Gesellschaft, in: ders. (Hg.), Frankfurter Gesellschaft für Handel, Industrie und Wissenschaft – Casino-Gesellschaft von 1802, Frankfurt 1995, S. 11–36.

–, Bürgertum, liberale Bewegung und Nation, München 1996.

–, Von der ständischen zur bürgerlichen Gesellschaft, München 1993.

–, (Hg.), Stadt und Bürgertum im 19. Jahrhundert, München 1990. (Auftakt einer Reihe von grundlegenden Studien zur Sozialgeschichte des städtischen Bürgertums)

- (Hg.), Vom alten zum neuen Bürgertum. Die mitteleuropäische Stadt im Umbruch, 1780–1820, München 1991.
- (Hg.), Stadt und Bürgertum beim Übergang von der traditionalen zur modernen Gesellschaft, München 1993.
-, (Hg.), Bürgertum und bürgerlich-liberale Bewegung in Mitteleuropa seit dem 18. Jahrhundert, München 1997.

Goltermann, S., Körper der Nation. Habitusformierung und die Politik des Turnens 1860–1890, Göttingen 1998.

Habermas, R., Frauen und Männer des Bürgertums. Eine Familiengeschichte 1750–1850, Göttingen 1999, S. 137–154. (Zeigt am Beispiel einer Familie, wie eng private und öffentliche Räume miteinander verknüpft waren)

Hammermayer, L., Zur Geschichte der europäischen Freimaurerei und der Geheimgesellschaften im 18. Jahrhundert, in: Balasz u. a. (Hg.), Aufklärung, S. 9–68.

Hardtwig, W., Eliteanspruch und Geheimnis in den Geheimgesellschaften des 18. Jahrhunderts, in: H. Reinalter (Hg.), Aufklärung und Geheimgesellschaften. Zur politischen Funktion und Sozialstruktur der Freimaurerlogen im 18. Jahrhundert, München 1989, S. 63–86.

-, Genossenschaft, Sekte, Verein in Deutschland, Bd. 1: Vom Spätmittelalter bis zur Französischen Revolution, München 1997. (Standardwerk zur Frühgeschichte des deutschen Assoziationswesens)

-, Strukturmerkmale und Entwicklungstendenzen des Vereinswesens in Deutschland 1789–1848, in: Dann (Hg.), Vereinswesen, S. 11–50.

-, Studentenschaft und Aufklärung. Landsmannschaften und Studentenorden in Deutschland im 18. Jahrhundert, in: François (Hg.), Sociabilité, S. 239–259.

-, Verein, Gesellschaft, Geheimgesellschaft, Assoziation, Genossenschaft und Gewerkschaft, in: Geschichtliche Grundbegriffe, Bd. 6, 1990, S. 789–829.

Hein, D., Soziale Konstituierungsfaktoren des Bürgertums, in: Gall (Hg.), Stadt und Bürgertum im Übergang, S. 151–181. (Fasst die wichtigsten Ergebnisse eines Forschungsprojekts zur Geschichte des städtischen Bürgertums in Hinblick auf die Vereine zusammen)

Hirsch, E., Jüdisches Vereinsleben in Hamburg bis zum Ersten Weltkrieg. Jüdisches Selbstverständnis zwischen Antisemitismus und Assimilation, Frankfurt 1996.

Hölscher, L., Öffentlichkeit und Geheimnis. Eine begriffsgeschichtliche Untersuchung zur Entstehung der Öffentlichkeit in der frühen Neuzeit, Stuttgart 1979.

Hoffmann, S.-L., Die Politik der Geselligkeit. Freimaurerlogen in der deutschen Bürgergesellschaft, 1840–1918, Göttingen 2000.

Hueber, A., Das Vereinsrecht im Deutschland des 19. Jahrhunderts, in: Dann (Hg.), Vereinswesen, S. 115–132.

Iggers, G.G., The Political Theory of Voluntary Associations in Early Nineteenth Century German Liberal Thought, in: D.B. Robertson (Hg.), Voluntary Associations, Richmond 1966, S. 141–158.

John, M., Associational Life and the Development of Liberalism in Hanover, 1848–1866, in: K.H. Jarausch u. L.E. Jones (Hg.), In Search of a Liberal Germany. Studies in the History of German Liberalism from 1789 to the Present, New York 1990, S. 161–185.

Illner, E., Bürgerliche Organisierung in Elberfeld 1775–1850, Neustadt 1982.

Im Hof, U., German Associations and Politics in the Second Half of the Eighteenth Century, in: Hellmuth (Hg.), Political Culture, S. 207–218.

Kaschuba, W. u. C. Lipp, Zur Organisation des bürgerlichen Optimismus, in: SOWI, Jg. 8, 1979, S. 74–82.

–, ›Kein Volk steht auf, kein Sturm bricht los‹, in: J. Beck u. a. (Hg.), Terror und Hoffnung in Deutschland 1933–1945. Leben im Faschismus, Reinbek 1980, S. 111–150.

Kerbs, D. u. J. Reulecke (Hg.), Handbuch der deutschen Reformbewegungen, 1880–1933, Wuppertal 1998. (Kompendium der zahlreichen sozialreformerischen Bewegungen, die sich zumeist vereinsförmig organisierten)

Kift, D. (Hg.), Kirmes – Kneipe – Kino. Arbeiterkultur im Ruhrgebiet zwischen Kommerz und Kontrolle (1850–1914), Paderborn 1992.

Kocka, J., Das europäische Muster und der deutsche Fall, in: ders. (Hg.), Bürgertum, S. 9–75. (Grundlagentext zur Geschichte des deutschen Bürgertums in vergleichender Perspektive)

– (Hg.), Bürgertum im 19. Jahrhundert. Deutschland im europäischen Vergleich, 3 Bde., München 1988/Göttingen 1995^2.

Koshar, R., Social Life, Local Politics, and Nazism: Marburg 1880–1935, Chapel Hill 1986, S. 91–125.

Krey, U., Vereine zwischen Bürgertum und Unterschichten in Westfalen (1840–1954), in: Jahrbuch für Liberalismusforschung, Jg. 1, 1989, S. 9–24.

–, Vereine in Westfalen 1840–1855. Strukturwandel, soziale Spannungen, kulturelle Entfaltung, Paderborn 1993.

–, Vom Kulturverein zur Vereinskultur. Organisierte Geselligkeit als populäre Freizeitgestaltung nach 1850, in: Kift (Hg.), Arbeiterkultur, S. 169–195.

Krug, M., Reports of a Cop. Civil Liberties and Associational Life in Leipzig During the Second Empire, in: J. Retallack (Hg.), Saxony in German History. Culture, Society, and Politics 1830–1933, Ann Arbor 2000, S. 271–286.

La Vopa, A. J., Herder's Publikum. Language, Print, and Sociability in Eighteenth Century Germany, in: Eighteenth Century Studies, Jg. 29, 1995, S. 5–24.

Langewiesche, D., Die politische Vereinsbewegung in Würzburg und in Unterfranken in den Revolutionsjahren 1848/49, in: Jb. f. fränkische Landesforschung, Jg. 37, 1977, S. 195–233.

–, ›… für Volk und Vaterland zu würken …‹. Zur politischen und gesellschaftlichen Rolle der Turner zwischen 1811 und 1871, in: O. Grupe (Hg.), Kulturgut oder Körperkult? Sport und Sportwissenschaft im Wandel, Tübingen 1990, S. 87–111.

–, Die schwäbische Sängerbewegung in der Gesellschaft des 19. Jahrhunderts – ein Beitrag zur kulturellen Nationsbildung, in: Zeitschrift für württembergische Landesgeschichte, Jg. 59, 1993, S. 257–301.

Lepp, C., Protestantisch-liberaler Aufbruch in die Moderne. Der deutsche Protestantenverein zur Zeit der Reichsgründung und des Kulturkampfes, Gütersloh 1996.

Lidtke, V., The Alternative Culture. Socialist Labor in Imperial Germany, New York 1985. (Grundlegende Studie zur Geselligkeitskultur der Arbeiter im Kaiserreich)

–, Die kulturelle Bedeutung der Arbeitervereine, in: Wiegelmann (Hg.), Kultureller Wandel, S. 146–159.

Liesegang, T., Lesegesellschaften in Baden. Ein Beitrag zum Strukturwandel der literarischen Öffentlichkeit, Berlin 2000.

Lipp, C., Verein als politisches Handlungsmuster. Das Beispiel des württembergischen Vereinswesens von 1800 bis zur Revolution 1848/49, in: François (Hg.), Sociabilité, S. 275–96.

Mergel, T., Zwischen Klasse und Konfession. Katholisches Bürgertum im Rheinland 1794–1914, Göttingen 1994.

Mettele, G., Bürgerliche Frauen und das Vereinswesen im Vormärz. Zum Beispiel in Köln, in: Jahrbuch für Liberalismusforschung, Jg. 5, 1993, S. 23–45.

–, Bürgertum in Köln 1775–1870. Gemeinsinn und freie Assoziation, München 1998.

–, Der private Raum als öffentlicher Ort. Geselligkeit im bürgerlichen Haus, in: Hein u. Schulz (Hg.), Bürgerkultur, S. 155–169.

Meyer, W., Das Vereinswesen der Stadt Nürnberg im 19. Jahrhundert, Nürnberg 1970.

Middell, K., Leipziger Sozietäten im 18. Jahrhundert. Die Bedeutung der Soziabilität für die kulturelle Integration von Minderheiten, in: Neues Archiv für Sächsische Geschichte, Jg. 69, 1998, S. 125–158.

Möller, H., Vernunft und Kritik. Deutsche Aufklärung im 17. und 18. Jahrhundert, Frankfurt 1986.

–, Enlightened Societies in the Metropolis. The Case of Berlin, in: Hellmuth (Hg.), Political Culture, S. 219–233.

Mooser, J., Das katholische Milieu in der bürgerlichen Gesellschaft. Zum Vereinswesen des Katholizismus im späten Deutschen Kaiserreich, in: O. Blaschke u. F.-M. Kuhlemann (Hg.), Religion im Kaiserreich. Milieus – Mentalitäten – Krisen, Gütersloh 1996, S. 59–92.

Nipperdey, T., Verein als soziale Struktur in Deutschland im späten 18. und frühen 19. Jahrhundert, in: ders., Gesellschaft, Kultur, Theorie, Göttingen 1976, S. 174–205. (Grundlagentext zur deutschen Vereinsgeschichte)

Quataert, J.H., Staging Philanthropy. Patriotic Women and the National Imagination in Dynastic Germany, 1813–1916, Ann Arbor 2001.

van Rahden, T., Juden und andere Breslauer. Die Beziehungen zwischen Juden, Protestanten und Katholiken in einer deutschen Großstadt, 1860–1925, Göttingen 2000.

Reder, D.A., Frauenbewegung und Nation. Patriotische Frauenvereine im frühen 19. Jahrhundert (1813–1830), Köln 1998.

Riederer, J., Aufgeklärte Sozietäten und gesellige Vereine in Jena und Weimar zwischen Geheimnis und Öffentlichkeit 1730–1830, Weimar 1995.

Ritter, G.A. (Hg.), Arbeiterkultur. Königstein 1979.

– u. K. Tenfelde, Arbeiter im Deutschen Kaiserreich, 1871–1914, Bonn 1992, S. 818–835.

Roth, R., Stadt und Bürgertum in Frankfurt am Main, München 1996.

Schambach, K., Stadtbürgertum und industrieller Umbruch, Dortmund 1780–1870, München 1996.

Schindler, N., Freimaurerkultur im 18. Jahrhundert. Zur sozialen Funktion des Geheimnisses in der entstehenden bürgerlichen Gesellschaft, in: R.M. Berdahl u. a. (Hg.), Klassen und Kulturen, Frankfurt 1982, S. 205–262.

–, Aufklärung und Geheimnis im Illuminatenorden, in: Ludz (Hg.), Gesellschaften, S. 203–229.

Schmidt, H., Das Vereinsleben der Stadt Weinheim an der Bergstraße, Weinheim 1963.

Schwarz, H., Das Vereinswesen an der Saar bis zur Mitte des 19. Jahrhunderts. Der Verein als Medium der sozialen Kommunikation, Saarbrücken 1992.

Smith, H.W., German Nationalism and Religious Conflict. Culture, Ideology, Politics, 1870–1914, Princeton 1995.

Sobania, M., Vereinsleben. Regeln und Formen bürgerlicher Assoziationen im 19. Jahrhundert, in: D. Hein u. A. Schulz (Hg.), Bürgerkultur im 19. Jahrhundert. Bildung, Kunst und Lebenswelt, München 1996, S. 170–190.

Sorkin, D., The Transformation of German Jewry, 1780–1840, New York 1987.

Stützel-Prüsener, M., Die deutschen Lesegesellschaften im Zeitalter der Aufklärung, in: Dann (Hg.), Lesegesellschaften, S. 71–86.

Tenfelde, K., Bergmännisches Vereinswesen im Ruhrgebiet während der Industrialisierung, in: J. Reulecke u. W. Weber (Hg.), Fabrik, Familie, Feierabend, Wuppertal 1978, S. 315–344.

–, Die Entfaltung des Vereinswesens während der industriellen Revolution in Deutschland (1850–1873), in: Dann (Hg.), Vereinswesen, S. 55–114. (Wegweisender Aufsatz zur Vereinsgeschichte für einen bis dahin vernachlässigten Zeitraum)

–, Lesegesellschaften und Arbeiterbildungsvereine, in: Dann (Hg.), Lesegesellschaften, S. 253–274.

Tilgner, H., Lesegesellschaften an Mosel und Mittelrhein im Zeitalter des Aufgeklärten Absolutismus. Ein Beitrag zur Geschichte der Aufklärung im Kurfürstentum Trier, Stuttgart 2001.

Tornow, I., Das Münchener Vereinswesen in der ersten Hälfte des 19. Jahrhunderts, mit einem Ausblick auf die zweite Jahrhunderthälfte. München 1977.

Turk, E.L., German Liberals and the Genesis of the Association Law of 1908, in: K.H. Jarausch u. L.E. Jones (Hg.), In Search of a Liberal Germany. Studies in the History of German Liberalism from 1789 to the Present, New York 1990, S. 237–260.

van Dülmen, R., Die Gesellschaft der Aufklärer. Zur bürgerlichen Emanzipation und aufklärerischen Kultur in Deutschland, Frankfurt 1986.

Voss, J., Akademien, gelehrte Gesellschaften und wissenschaftliche Vereine in Deutschland, 1750–1850, in: Francois (Hg.), Sociabilité, S. 149–168.

Welskopp, T., ›Der Geist ächt männlichen Strebens‹. Mikropolitik und Geschlechterbeziehungen im Vereinsmilieu der frühen deutschen Arbeiterbewegung, in: Kurswechsel, 1997, Nr. 3, S. 67–91.

–, Das Banner der Brüderlichkeit. Die deutsche Sozialdemokratie vom Vormärz bis zum Sozialistengesetz, Bonn 2000. (Interpretiert überzeugend die Frühgeschichte der Sozialdemokratie als Vereinsgeschichte)

Weckel, U., Der »mächtige Geist der Assoziation«. Ein- und Ausgrenzung bei der Geselligkeit der Geschlechter im späten 18. und frühen 19. Jahrhundert, in: Archiv für Sozialgeschichte, Jg. 38, 1999, S. 57–77. (Kritik der Forschungsliteratur aus geschlechtergeschichtlicher Sicht)

Wilhelmy, P., Der Berliner Salon im 19. Jahrhundert (1780–1918), Berlin 1989.

Zaunstöck, H., Sozietätslandschaft und Mitgliederstrukturen. Die mitteldeutschen Aufklärungssozietäten im 18. Jahrhundert, Tübingen 1999.

Zunkel, F., Die gesellschaftliche Bedeutung der Kommunikation in Bürgergesellschaften und Vereinen vom 18. bis zum 20. Jahrhundert, in: H. Pohl (Hg.), Die Bedeutung der Kommunikation für Wirtschaft und Gesellschaft, Stuttgart 1989, S. 255–283.

Österreich-Ungarn

Balász, E.H., Berzeviczy Gergely, a reformpolitikus 1765–1795, Budapest 1967, S. 181–216. [Gergely Berzeviczy, Reformpolitiker 1765–1795]

– u.a. (Hg.), Beförderer der Aufklärung in Mittel- u. Osteuropa. Freimaurer, Gesellschaften, Clubs, Berlin 1979. (Einziger vergleichender Sammelband zur Geselligkeitsgeschichte Ostmitteleuropas im 18. Jahrhundert)

Boyer, J., Political Radicalism in Late Imperial Vienna. Origins of the Christian Social Movement 1848–1897, Chicago 1981.

–, Culture and Political Crisis in Vienna. Christian Socialism in Power 1897–1918, Chicago 1995.

Bugge, P., Czech Nation-Building, National Perception and Politics 1780–1914, Diss. Aarhus 1994.

Chalupecký, I., Vereine in Leutschau und das gesellschaftliche Leben der Stadt, in: V. Čičaj u. O. Pickl (Hg.), Städtisches Alltagsleben in Mitteleuropa vom Mittelalter bis zum Ende des 19. Jahrhunderts, Bratislava 1998, S. 241–244.

Cohen, G.B., The Politics of Ethnic Survival. Germans in Prague, 1861–1914, Princeton 1981.

–, Liberal Associations and Central European Urban Society, 1840–1890, in: The Maryland Historian, Jg. 12, 1981, S. 1–11.

Collegium Carolinum (Hg.), Vereinswesen und Geschichtspflege in den böhmischen Ländern, München 1986.

Deák, I., Assimilation and Nationalism in East Central Europe During the Last Century of Habsburg Rule, Pittsburgh 1983.

Drasarova, E., Bibliographische Übersicht über die jüngere tschechische Literatur (1980–1993) zum Vereinswesen des 19. und 20. Jahrhunderts, in: Newsletter. Geschichte des Bürgertums in der Habsburgermonarchie, 1994, H. 2, S. 17–30.

Drobesch, W., Vereine und Verbände in Kärnten (1848–1938). Vom Gemeinnützig-Geselligen zur Ideologisierung der Massen, Klagenfurt 1991.

–, Das slowenische Vereinswesen in Klagenfurt 1848–1933, in: Österreichische Osthefte, Bd. 33, 1991, S. 426–465.

Friedrich, M., »Vereinigung der Kräfte, Sammlung des kleinen Gutes zu einem gemeinschaftlichen Vermögen, kurz die Assoziation ist hier die einzige Rettung«. Zur Tätigkeit und Bedeutung der Frauenvereine im 19. Jahrhundert, in: B. Mazohl-Wallnig (Hg.), Bürgerliche Frauenkultur im 19. Jahrhundert, Wien 1995, S. 125–173.

Gerö, A., Modern Hungarian Society in the Making. The Unfinished Experience, Budapest 1995.

Glettler, M., Sokol und die Arbeiterturnvereine der Wiener Tschechen bis 1914, München 1970.

–, Die Wiener Tschechen um 1900. Strukturanalyse einer nationalen Minderheit in der Großstadt, München 1972.

–, The Organization of the Czech Clubs in Vienna circa 1900. A National Minority in an Imperial Capital, in: East-Central Europe, Jg. 9, 1982, S. 124–136.

Gneisse, B., István Széchenyis Kasinobewegung im ungarischen Reformzeitalter (1825–1848). Ein Beitrag zur Erforschung der Anfänge nationalliberaler Emanzipation im vormärzlichen Ungarn, Frankfurt 1990.

Haas, H., Salzburg zur Gründerzeit. Struktur und Funktion des politischen Vereinswesens, in: ders. (Hg.), Salzburg zur Gründerzeit. Vereinswesen und politische Partizipation im liberalen Zeitalter, Salzburg 1994, S. 9–28.

–, Salzburger Vereinskultur im Hochliberalismus (1860–1870), in: ders. (Hg.), Salzburg zur Gründerzeit. Vereinswesen und politische Partizipation im liberalen Zeitalter, Salzburg 1994, S. 79–114.

Halmai, G., Az egyesülés szabadsága. Az egyesülési jog története, Budapest 1990. [Die Vereinsfreiheit. Die Geschichte des Vereinsrechts].

Hass, L., The Socio-professional composition of Hungarian Freemasonry (1868–1920), in: Acta Poloniae Historica, Jg. 30, 1974, S. 71–117.

Hauch, G., Politische Wohltätigkeit – wohltätige Politik. Frauenvereine in der Habsburger Monarchie bis 1866, in: Zeitgeschichte, Jg. 19, 1992, S. 200–214.

Heindl, W., Bürgerliche Geselligkeit in der kaiserlichen Residenzstadt Wien im 18. Jahrhundert, in: V. Čičaj u. O. Pickl (Hg.), Städtisches Alltagsleben in Mitteleuropa vom Mittelalter bis zum Ende des 19. Jahrhunderts, Bratislava 1998, S. 205–214.

Huber, E., Logen und Geheimbünde in Wien im ausgehenden 18. Jahrhundert, in: Verdrängter Humanismus – verzögerte Aufklärung, Bd. 2: Österreichische Philosophie zur Zeit der Revolution und Restauration (1750–1820), hg. v. M. Benedikt u. a., Wien 1996, S. 533–558.

Hye, H.P., Vereinswesen und bürgerliche Gesellschaft in Österreich, in: Beiträge zur historischen Sozialkunde. Bürgertum im 19. Jahrhundert, 1988, Nr. 3, S. 86–96.

–, Josef Bermanns Tagebücher (1835–1867) – eine Quelle zum frühen Wiener Vereinswesen, in: Wiener Geschichtsblätter, Bd. 44, 1989, S. 118–127.

–, Wiener ›Vereinsmeier‹ um 1850, in: H. Stekl u.a. (Hg.), Bürgertum in der Habsburgermonarchie, Bd. 2: »Durch Arbeit, Besitz, Wissen und Gerechtigkeit«, Wien 1992, S. 292–316.

–, Zur Liberalisierung des Vereinsrechtes in Österreich. Die Entwicklung des Vereinsgesetzes von 1867, in: Zeitschrift für Neuere Rechtsgeschichte, Bd. 14, 1992, S. 191–216.

–, Rumänische Vereine in Wien bis 1914/16, in: Anuarul Institutului de Istorie Cluj-Napoca, Bd. 33, 1994, S. 137–154.

–, Vereine in Aussig (Ústí nad Labem) 1848–1914, in: Germanoslavica. Zeitschrift für germano-slawische Studien, Bd. 2, 1995, S. 241–274.

–, Zum Vereinswesen in der Habsburgmonarchie, in: E. Brix u. R. Richter (Hg.), Organisierte Privatinteressen. Vereine in Österreich, Wien 2000, S. 33–53.

Judson, P.M., Die unpolitische Bürgerin im politisierenden Verein. Zu einigen Paradoxa des bürgerlichen Weltbildes im 19. Jahrhundert, in: H. Stekl u.a. (Hg.), Bürgertum in der Habsburgermonarchie, Bd. 2: »Durch Arbeit, Besitz, Wissen und Gerechtigkeit«, Wien 1992, S. 337–345.

–, Exclusive Revolutionaries. Liberal Politics, Social Experience, and National Identity in the Austrian Empire, 1848–1914, Ann Arbor 1996.

Karády, V., Juden in Ungarn. Historische Identitätsmuster und Identitätsstrategien, Baalsdorf 1998.

King, J., Budweisers into Czechs and Germans. A Local History of Bohemian Politics, 1848–1948, Princeton 2002.

Kruppa, E., Das Vereinswesen der Prager Vorstadt Smichow 1850–1875, München 1992.

Langewiesche, D., Zur Freizeit des Arbeiters. Bildungsbestrebungen und Freizeitgestaltung österreichischer Arbeiter im Kaiserreich und in der Ersten Republik, Stuttgart 1979.

Lipták, L., Slobodní murári na Slovensku v období dualizmu, in: Historický časopis, Jg. 39, 1991, S. 28–48. [Freimaurer in der Slowakei im Zeitalter des Dualismus].

Malíř, Jiří, Od spolků k moderním politickým stranám. Vývoj politických stran na Moravě v letech 1848–1914, Brno 1996. [Vom Verein zur modernen politischen Partei. Die politischen Parteien in Mähren in den Jahren 1848–1914].

Mannová, E., Spolky a ich miesto v zivote spolocnosti na Slovensku v. 19. storici. Stav a poblémy vyskumu, in: Historický časopis, Jg. 38, 1990, S. 15–27. [Vereine und ihr Platz im Leben der Gesellschaft in der Slowakei im 19. Jahrhundert. Stand und Probleme der Forschung].

–, Prehľad vyvoja spolkového hnutia na Slovensku z aspektu formovania obcianskej spolo-locnosti, in: Obcianska spoloco st. Problemy a perspektivy v CSFR, Bratislava 1991, S. 71–80. [Entwicklungsprobleme der Vereinsbewegung in der Slowakei unter dem Aspekt der bürgerlichen Gesellschaft].

– u. M. Goos, Im Namen der Eule. Spaß muss (satzungsgemäß) sein! Beobachtungen zum Schlaraffia-Verein in Bratislava 1879–1938, in: WerkstattGeschichte, Jg. 6, 1993, S. 35–46.

–, Identitätsbildung der Deutschen in Preßburg/Bratislava im 19. Jahrhundert, in: Halb-asien. Zeitschrift für deutsche Literatur und Kultur Südosteuropas, Jg. 2, 1995, S. 60–76.

–, Selbstinszenierung des deutschen Bürgertums in Bratislava im 19. Jahrhundert, in: Z. Benuš-ková u. P. Salner (Hg.), Stabilität und Wandel in der Großstadt, Bratislava 1995, S. 29–43.

–, Vereinsbälle der Preßburger Bürger im 19. Jahrhundert, in: V. Čičaj u. O. Pickl (Hg.), Städtisches Alltagsleben in Mitteleuropa vom Mittelalter bis zum Ende des 19. Jahrhun-derts, Bratislava 1998, S. 251–257.

–, Vereinswesen und nationale Differenzierungsprozesse in der Slowakei, in: H. Timmer-mann (Hg.), Entwicklung der Nationalbewegungen in Europa, 1850–1914, Berlin 1998, 469–481.

–, Charitable Societies and the Construction of Collective Identities, in: M. Csáky u. E. Man-nová (Hg.), Collective Identities in Central Europe in Modern Times, Bratislava 1999, S. 197–216.

–, Das Vereinswesen in der Slowakei und der mitteleuropäische Kontext 1848–1918, Unver-öffentlichtes Manuskript, 1999.

–, Das Vereinswesen in Ungarn und die Revolution 1848/49 (am Beispiel Oberungarn/Slo-wakei), in: H. Fischer (Hg.), Die ungarische Revolution von 1848/49, Hamburg 1999, S. 57–67.

–, Die Bratislavaer Vereine im Adaptionsprozeß der Immigranten, in: Ethnokulturelle Pro-zesse in Großstädten Mitteleuropas, Bratislava 1999, S. 26–36.

–, Intoleranz in Vereinen, Vereine in intoleranter Umgebung, in: Ethnokulturelle Prozesse in Großstädten Mitteleuropas, Bratislava 1999, S. 79–88.

–, Middle-Class Identity or Identities in a Multicultural City (Associations in Bratislava in the 19th Century), Unveröffentlichtes Manuskript 1999.

–, »Deutsche« Vereine in der Revolution 1848/49 auf dem Gebiet der heutigen Slowakei. Unveröffentlichtes Manuskript o.J.

Meriggi, M., Das Bürgertum Mailands im Spiegel des Vereinswesens, in: H. Stekl u.a. (Hg.), Bürgertum in der Habsburgermonarchie, Bd. 2: »Durch Arbeit, Besitz, Wissen und Gerechtigkeit«, Wien 1992, S. 279–291.

–, Milano borghese. Circoli ed élites nell'Ottocento, Venedig 1992.

Mittenzwei, I., Zwischen Gestern und Morgen. Wiens frühe Bourgeoisie an der Wende vom 18. zum 19. Jahrhundert, Wien 1998.

Nemes, R. Associations and Civil Society in Reform-Era Hungary, in: Austrian History Yearbook, Bd. 1 32, 2001, S. 25–45. (Beste Einführung in den neuesten Forschungsstand zur Vereinsgeschichte in Ungarn vor 1848)

Nolte, C., Our Brothers Across the Ocean. The Czech Sokol in America to 1914, in: Cze-choslovak and Central European Journal, Jg. 11, 1993, S. 15–37.

–, The Sokol in the Czech Lands to 1914. Training for the Nation, Basingstoke 2003.

Novotný, J., Slovanská lípa 1848–1849. K dějinám prvního českého plitického spolku, Prag 1975. [Slovanská lípa 1848–1849. Zur Geschichte des ersten tchechischen politischen Ver-eins]

Pajkossy, G., Polgári átalakulás és nyilvánosság a magyar reformkorban, Budapest 1991. [Die Entstehung der bürgerlichen Gesellschaft und Öffentlichkeit in der ungarischen Reformära].

–, Egyesületek Magyarországon és Erdélyben 1848 előtt, in: Korunk, Jg. 4, 1993, S. 103–109. [Vereine in Ungarn und Transylvanien vor 1848].

Plattner, I., Fin de siècle in Tirol. Provinzkultur und Provinzgesellschaft um die Jahrhundertwende, Innsbruck 1999.

Silber, M.K., The Entrance of Jews into Hungarian Society in Vormärz. The Case of ›Casinos‹, in: J. Franke u. S. Zipperstein (Hg.), Assimilation and Community. The Jews in Nineteenth Century Europe, Cambridge 1992, S. 284–323.

Sprengnagel, G., Nationale Kultur und die Selbsterschaffung des Bürgertums. Am Beispiel der Stadt Prostejov in Mähren, 1848–1864, in: Österreichische Zeitschrift für Geschichtswissenschaft, Jg. 10, 1999, S. 260–291.

Szabó, D., A magyar társadalom szervezdése a dualizmus korában. Párt és vidéke, in: Történelmi Szemle, 1992, Nr. 3–4, S. 199–230. [Die Organisation der ungarischen Gesellschaft in der Zeit des Dualismus. Die Partei und ihre Umgebung].

Szarka, L., Szlovák nemzeti fejlıdés – magyar nemzetiségi politika 1867–1918, Pozsony 1995. [Die slowakische nationale Entwicklung und die ungarische Nationalitätenpolitik 1867–1918].

Török, Z., Free Associations in Dualist Hungary (1867–1914/18). Recent Approaches in Historical Writing, Unveröffentlichtes Manuskript, Budapest 2001.

Toth, A., Die Genehmigungspraxis politischer Vereine und Parteien in Ungarn 1892–1896, in: Ungarn Jahrbuch, Jg. 18, 1990, S. 75–105.

Tóth, Á., A társadalmi szervezıdés rendi és polgári normái. A Pesti Jótékony Nıegylet fennállásának elsı korszaka, in: Fons, Jg. 5, 1998, Nr. 4. [Feudale und bürgerliche Normen sozialer Ordnung. Die Anfänge des Pester Frauenwohltätigkeitsvereins].

Urbanitsch, P., Vereine und Politische Mobilisierung in Cisleithanien, in: Anuarul Institutului de Istorie Cluj-Napoca, Jg. 33, 1994, S. 107–123. (Knappe Überblicksdarstellung zur österreichischen Vereinsgeschichte)

Zimmermann, S., Die bessere Hälfte? Frauenbewegungen und Frauenbestrebungen im Ungarn der Habsburgermonarchie 1848 bis 1918, Wien 1999.

Russland

Belousov, A.A., Na altare Otečestva. Iz istorii mecenatctva i blagotvoritel'nosti v Rossii, Wladiwostok 1996. [Auf dem Altar des Vaterlandes. Aus der Geschichte des Mäzenatentums und der Wohltätigkeit in Rußland].

Bochanov, A.N., Kollekcionery i mecenaty v Rossii, Moskau 1989. [Sammler und Mäzene in Rußland].

–, Krupnaja buržuazija Rossii. Konec XIX v. – 1914 g., Moskau 1992. [Die Großbourgeoisie Rußlands. Ende des 19. Jahrhunderts bis 1914].

Bonnell, V.E., Roots of Rebellion. Workers' Politics and Organisations in St. Petersburg and Moscow, 1900–1914, Berkeley 1993.

Bradley, J., Voluntary Associations, Civic Culture, and Obshchestvennost' in Moscow, in: E.W. Clowes u.a. (Hg.), Between Tsar and People. Educated Society and the Quest for Public Identity in Late Imperial Russia, Princeton 1990, S. 131–148.

–, Russia's Parliament of Public Opinion. Association, Assembly, and the Autocracy, 1906–1914, in: T. Taranovski (Hg.), Reform in Modern Russian History. Progress or Cycle?, Cambridge 1995, S. 212–236.

–, Merchant Moscow After Hours: Voluntary Associations and Leisure, in: J. L. West u. J. A. Petrov (Hg.), Merchant Moscow. Images of Russia's Vanished Bourgeoisie, Princeton 1997, S. 133–143.

–, State and Civil Society in Russia. The Role of Nongovernmental Associations, Washington, D.C. 1997.

–, Subjects into Citizens. Societies, Civil Society, and Autocracy in Tsarist Russia, in: American Historical Review, Jg. 107, 2002, S. 1094–1123. (Einführung in den neuesten Forschungsstand zur russischen Vereinsgeschichte)

Burbank, Jane, Discipline and Punish in the Moscow Bar Association, in: Russian Review, Jg. 54, 1995, S. 44–64.

Butorov, A., Moskovskij Anglijskij klub. Stranicy istorii, Moskau 1999. [Der Englische Klub Moskaus. Blätter aus der Geschichte]

Busch, M., Das deutsche Vereinswesen in St. Petersburg vom 18. Jahrhundert bis zum Beginn des Ersten Weltkrieges, in: Deutsche in St. Petersburg und Moskau vom 18. Jahrhundert bis zum Ausbruch des Ersten Weltkrieges, in: Nordost-Archiv. Zeitschrift für Regionalgeschichte, Bd. 3, 1994, S. 29–64.

Frank, S.P., »Simple Folk, Savage Customs?« Youth, Sociability, and the Dynamics of Culture in Rural Russia, 1856–1914, in: Journal of Social History, Jg. 25, 1992, Nr. 4, S. 711–736.

Häfner, L., Der »Neue Klub« in Kazan' 1900 bis 1913: Kristallisationspunkt lokaler »Gesellschaft«, in: G. Hausmann (Hg.), Gesellschaft als lokale Veranstaltung, S. 377–404.

–, Gesellschaft als lokale Veranstaltung in Rußland. Städtische Eliten und Öffentlichkeit in Kazan' und Saratov 1870–1914, Habil. Bielefeld 2001. (Beste Einzelstudie zur Bedeutung von Assoziationen für die lokale Gesellschaft Russlands)

Hass, L., Działalność wolnomularstwa polskiego w latach 1908–1915, in: Kwartalnik Historyczny, 1967, Nr. 4, S. 1045–1063. [Die Aktivität der polnischen Freimaurerei zwischen 1908 und 1915]

–, The Russian Masonic Movement in the Years 1906–1918, in: Acta Poloniae Historica, Jg. 48, 1983, S. 95–131.

Hausmann, G., Universität und städtische Gesellschaft in Odessa, 1865–1917, Stuttgart 1998, S. 388–415.

–, Die wohlhabenden Odessaer Kaufleute und Unternehmer. Zur Herausbildung bürgerlicher Identitäten im ausgehenden Zarenreich, in: Jahrbücher für Geschichte Osteuropas N.F., Jg. 48, 2000, S. 41–65.

–, Lokale Öffentlichkeit und städtische Herrschaft im Zarenreich. Die ukrainische Stadt Charkiv, in: A.R. Hofmann u. A.V. Wendland (Hg.), Stadt und Öffentlichkeit in Ostmitteleuropa 1900–1939. Beiträge zur Entstehung moderner Urbanität zwischen Berlin, Charkiv, Tallinn und Triest, Stuttgart 2002, S. 213–234.

–, (Hg.), Gesellschaft als lokale Veranstaltung. Selbstverwaltung, Assoziierung und Geselligkeit in den Städten des ausgehenden Zarenreiches, Göttingen 2002. (Einziger Sammelband zur russischen Assoziationsgeschichte)

–, Stadt und lokale Gesellschaft im ausgehenden Zarenreich, in: ders. (Hg.), Gesellschaft als lokale Veranstaltung, S 18–166. (Umfangreiche Einführung in den neuesten Forschungsstand zur russischen Vereinsgeschichte, auch mit Diskussion der jüngsten russischsprachigen Literatur)

Herlihy, P., Joy of the Rus': Rites and Rituals of Russian Drinking, in: Russian Review, Jg. 50, 1991, S. 131–147.

–, The Alcoholic Empire. Vodka and Politics in Late Imperial Russia, Oxford 2002.

Hildermeier, M., Bürgertum und Stadt in Rußland, 1760–1870, Köln 1986.

–, Rußland oder Wie weit kam die Zivilgesellschaft, in: ders. u. a. (Hg.), Europäische Zivilgesellschaften in Ost und West, Frankfurt 2000, S. 113–148. (Kritische Diskussion der neuesten Arbeiten über die Genese zivilgesellschaftlicher Strukturen im Zarenreich)

Il'ina, I.N., Obščestvennye organizacii Rossii v 1920-e gody, Moskau 2000. [Gesellschaftliche Organisationen Rußlands in den 1920er Jahren] (Zeigt erstmals, dass die Assoziationen nach 1917 nicht einfach verschwanden, sondern erst im Laufe der zwanziger Jahre stalinisiert wurden; die Einführung gibt einen kurzen Abriss der russischen Vereinsgeschichte)

Kazovskaja, T.M. Prosvetitel'nye obščestva i mecenaty v formirovanii kul'turnoj sredy Peterburga (konec XIX-načalo XX vv.), Kand. diss. Avtoreferat, St. Peterburg 1994. [Aufklärungsgesellschaften und Mäzene in der Formierung des kulturellen Lebens Petersburgs Ende 19./Anfang 20. Jahrhundert].

Košichina, I.G., Obščestvenno-kul'turnye organizacii Kurskoj gubernii gg. XIX v.-fevr. 1917 g., Kursk 1998. [Gesellschaftlich-kulturelle Organisationen des Kursker Gouvernements vom 19. Jahrhundert bis zum Februar 1917].

Krasnobaev, B.I., Eine Gesellschaft gelehrter Freunde am Ende des 18. Jahrhunderts. »Druzeskoe učenoe obščestvo«, in: Balász u. a. (Hg.), Aufklärung, S. 257–270.

Lindenmeyr, A., Public Life, Private Virtues: Women in Russian Charity, 1762–1914, in: Signs. Journal of Women in Culture and Society, Jg. 18, 1993, S. 562–591.

–, The Rise of Voluntary Associations During the Great Reforms. The Case of Charity, in: B. Eklof u. a. (Hg.), Russia's Great Reforms, 1855–1881, Bloomington 1994, S. 264–279.

–, Poverty Is Not a Vice. Charity, Society, and the State in Imperial Russia, Princeton 1996. (Standardbuch zur Geschichte der russischen Wohltätigkeitsvereine seit ihren Anfängen)

Lotman, J.M., Besedy o russkoj kul'ture. Byt i tradicii russkogo dvorjanstva (XVIII-načalo XIX veka), St. Petersburg 1994. [Gespräche über die russische Kultur. Sitten und Traditionen des russischen Adels vom 18. bis zum Anfang des 19. Jahrhunderts].

Norton, B., Russian Political Masonry and the February Revolution of 1917, in: International Review of Social History, Jg. 28, 1983, S. 240–258.

Petrov, J.A., Dinastija Rjabušinskich, Moskau 1997, S. 80–87. [Die Rjabušinskij-Dynastie].

Pietrow-Ennker, B., Rußlands ›neue Menschen‹. Die Entwicklung der Frauenbewegung von den Anfängen bis zur Oktoberrevolution, Frankfurt 1999, S. 312–351.

Pipes, R., Struve. Liberal on the Right, Cambridge 1980, S. 174–186.

Raeff, M., Origins of the Russian Intelligentsia. The Eighteenth Century Nobility, New York 1966.

Riasanovsky, N., A Parting of Ways. Government and the Educated Public in Russia, 1801–1855, Oxford 1977.

Saunders, J., The Union of Unions. Political, Economic, Civil, and Human Rights Organizations in the 1905 Russian Revolutionary, Diss. Columbia University, New York 1985.

Smith, D, Freemasonry and the Public in Eighteenth Century Russia, in: Eighteenth Century Studies, Jg. 29, 1995, S. 25–44.

–, Working the Rough Stone. Freemasonry and Society in Eighteenth Century Russia, DeKalb 1999. (Bahnbrechende Studie zu den russischen Freimaurerlogen)

Smith, N., Political Freemasonry in Russia, 1906–1918, in: Russian Review, Jg. 44, 1985, S. 157–171.

–, The Constitution of Russian Political Freemasonry, in: Jahrbücher für Geschichte Osteuropas N.F., Jg. 34, 1986, S. 498–517.

Soboleva, O.J., Regional'nye legal'nye obščestvennye organizacii na rubeže XIX-XX vv. (1890–1914 gg.) na materialach Kostromskoj i Jaroslavskoj gubernii, Ivanovo 1993. [Regionale legale gesellschaftliche Organisationen 1890–1914 auf der Grundlage von Materialien aus den Gouvernements Kostroma und Jaroslavl'].

Sokolovskaja, T., Russkoe masonstvo i ego značenie v istorii obščestvennogo dviženija, Moskau 1999. [Die russische Freimaurerei und ihre Bedeutung in der Geschichte der gesellschaftlichen Bewegung].

Stepanskij, A.D., Obščestvennye organisacii v Rossii na rubeže XIX-XX v., Moskau 1982. [Gesellschaftliche Organisationen in Rußland um 1900]. (Eine der ersten Studien zur russischen Vereinsgeschichte)

Thurston, G., The Popular Theatre Movement in Russia, 1862–1919, Evanston, Ill. 1998.

Tuchtenhagen, R., Abstinenz als Aufklärung. Antialkoholkampagnen im Zarenreich, in: H. Haumann u. S. Plaggenborg (Hg.), Aufbruch der Gesellschaft im verordneten Staat. Rußland in der Spätphase des Zarenreichs, Frankfurt 1994, S. 272–295.

Tumanova, A.S., Obščestvennye organizacii g. Tambova na rubeže XIX-XX vekov (1900–1917 gg.), Tambov 1999. [Gesellschaftliche Organisationen in der Stadt Tambov 1900–1917]. (Materialreiche Studie am Beispiel einer Stadt)

Ul'janova, G.N., Blagotvoritel'nost' Moskovskich predprinimatelej 1860–1914 gg., Moskau 1999. [Die Wohltätigkeit Moskauer Unternehmer 1860–1914].

Walkin, J., The Rise of Democracy in Pre-revolutionary Russia. Political and Social Institutions Under the Last Three Czars, New York 1962, Kap. 6: The Role of Voluntary Associations in Czarist Russia.

Wartenweiler, D., Civil Society and Academic Debate in Russia 1905–1914, Oxford 1999.

West, J.L., The Rjabushinskij Circle. Russian Industrialists in Search for a Bourgeoisie, in: Jahrbücher für Geschichte Osteuropas, N.F., Jg. 32, 1984, S. 358–377.

–, The Riabushinsky Circle. Burzhuaziia and *Obshchestvennost'* in Late Imperial Russia, in: E.W. Clowes u.a. (Hg.), Between Tsar and People. Educated Society and the Quest for Public Identity in Late Imperial Russia, Princeton 1990, S. 41–56.

Zelnik, R.E., Workers and Intelligentsia in the 1870s. The Politics of Sociability, in: ders. (Hg.), Workers and Intelligentsia in Late Imperial Russia. Realities, Representations, Reflections, Berkeley 1999, S. 16–54.

Zorin, A.N. u.E.V. Kljušina, Obščestvennye organizacii gorodov, in: A.N. Zorin u.a., Očerki gorodskogo byta dorevoljucinnogo Povol'ja, Ul'janovsk 2000, S. 416–467. [Gesellschaftliche Organisationen der Städte, in: A.N. Zorin u.a, Studien der städtischen Kultur im vorrevolutionären Povol'ja]

Wola, Tocqueville book   JC 229. T7/W

Register

Personen

Orte

Begriffe